KB018386

우리는
정의로운 세상을
만들 것이다

우리는
정의로운 세상을
만들 것이다

1판 1쇄 펴냄 2021년 3월 5일
1판 3쇄 펴냄 2022년 8월 25일

엮은이 인디고 서원

주간 김현숙 | **편집** 김주희, 이나연
디자인 이현정, 전미혜
영업·제작 백국현 | **관리** 오유나

펴낸곳 궁리출판 | **펴낸이** 이갑수

등록 1999년 3월 29일 제300-2004-162호
주소 10881 경기도 파주시 회동길 325-12
전화 031-955-9818 | **팩스** 031-955-9848
홈페이지 www.kungree.com
전자우편 kungree@kungree.com
페이스북 /kungreepress | **트위터** @kungreepress
인스타그램 /kungree_press

ⓒ 인디고 서원, 2021.

ISBN 978-89-5820-710-8 03370

책값은 뒤표지에 있습니다.
파본은 구입하신 서점에서 바꾸어 드립니다.

우리는 정의로운 세상을 만들 것이다

청소년이 쓴
코로나19 교육 보고서

인디고 서원 엮음

궁리
KungRee

여는 글

•

두 개의 숫자가 있습니다. 0과 827입니다. 숫자 '0'은 코로나19로 우리나라의 확진자 중 30세 미만의 사망자 숫자(2021년 2월 11일 기준)입니다. 코로나 바이러스에 감염되면 겪게 되는 고통과 후유증을 염려하여, 그리고 만에 하나 사망까지 이를 수 있는 가능성만으로 우리는 즉각적으로 등교를 중단하고 학교를 멈추는 대응을 했습니다. 그런데 스스로 목숨을 끊는 청소년(9~24세)은 통계청과 여성가족부에서 2020년 4월에 발표한 '2020 청소년 통계' 자료에 따르면 한 해에만 827명이었습니다. 자살로 사망하는 수는 전체 청소년 사망자 10만 명당 9명으로, 10년 넘게 청소년 사망원인 1위이고, 자살위험군 학생의 숫자는 무려 23,324명입니다. 자살의 원인은 정확하게 확인이 어려우나, 청소년 스트레스 요인의 1위는 학업이라는 점을 비추어 본다면 청소년 자살의 원인에 학업에 대한 압박이 미치는 영향이 크다는 것은 어렵지 않게 유추해볼 수 있습니다. 학업이 자살의 직접적인 요인이 아니더라도, 오직 성적만으로 구분 지어지고, 서로 지나칠 만큼 경쟁해야 하는 교육 시스템 속에서 아이들이 건강하게 살아가기가 너무나 힘들다는 것은 그 누구도 부인할 수 없는 분명한 사실입니다.

코로나 바이러스보다 더 무서운 것이 '공부'인 나라, 코로나 바이러스보다 더 많은 아이들을 죽음으로 내모는 '입시 경쟁'의 나라, 0:827. 두 개의 숫자가 주는 메시지를 외면하지 말고, 현실을 똑바로 봐야 합니다. 코로나19의 위협에 맞서 아이들을 살리는 단 하나의 목표를 위해, 오직 안전과 생명을 위해 우리는 유치원부터 대학교까지 과감히 등교를 멈추는 선택을 했습니다. 한 해에 무려 827명의 청소년이 자살로 죽는 사회라면, 더 단호히 이 잘못된 교육 시스템을 멈춰야 하는 것 아닐까요? 아이들을 보호하지 못하고 살려내지 못하는 학교를 잠시라도 멈추고 생각해야 하는 것 아닐까요? 무엇이 아이들에게 상처를 주지 않는 방법일지, 아이들이 스스로 살아남는 방법을 알게 하기 위해 사회 전체가 어떤 노력을 해야 하는지, 잠시 지금의 교육을 멈추고 다 함께 고민해야 하는 것 아닐까요? 제발, 부디, 아이들을 시험 성적과 대학 이름으로 평가하지 말라는 긴급재난문자를 모든 사람들이 들을 때까지 울려야 하는 것 아닐까요?

> "전염병은 우리가 집단의 일원이라는 것을 새삼 깨닫게 한다. 정상적인 사회체제에서 우리가 발휘하지 못했던 상상력을 거침없이 펼치게 한다. 우리는 다른 사람들과 서로 떼어놓을 수 없는

관계이고, 개인적 선택을 할 때도 타인의 존재를 고려해야 한다. 전염의 시대에 우리는 단일 유기체의 일부다. 전염의 시대에서 우리는 하나의 공동체이다. (중략)

우리는 다수이고, 우리 각자의 행위는 각각 지각되기 어려우며, 막연한 전체 결과로 이어진다. 전염의 시대에 연대감 부재는 무엇보다도 상상력의 결여에서 온다."

– 파올로 조르다노, 『전염의 시대를 생각한다』, 은행나무, 37~39쪽

코로나19는 인간이 자연의 일부라는 사실을, 우리 모두가 연결되어 있다는 사실을 온몸으로 느끼게 했습니다. 우리는 결코 혼자만 안전하게 살아갈 수 없음을, 개인적인 선택 역시 다른 존재에게 반드시 영향을 준다는 사실을 두 눈으로 똑똑히 목격했습니다. 그러므로 코로나19는 백신 개발로 해결될 문제가 아니라, 우리 삶의 양식을 새롭게 정의하고 다 함께 실천해야만 근본적으로 극복할 수 있는 현실입니다. 우리가 기존에 갖고 있던 제도와 문화와 체제로는 이 위기를 극복하기 어렵습니다. 새로운 가치관과 시각이 필요합니다. 청소년들에게는 이러한 변화를 어렵고 힘든 일로 받아들이는 것이 아니라, 원대하고 위대한 전환임을 기쁘게 생각할 수 있는 능력이 있습니다. 그 사실이 우리에게는 희망입니다.

코로나19가 위기가 될지 기회가 될지 아무도 알 수 없습니다. 정해져 있는 것이 아니라 지금을 살아가는 우리 인류 전체의 선택에 달려 있기 때문입니다. 서로에게 해로운 존재가 되지 않도록 자신

의 생명도 소중히 여기면서 옆에 있는 사람도 배려하는 것, 위기의 순간에 시민으로서 각자가 해야 할 역할이 무엇인지 생각하고 실천하는 것, 이 위기가 지나고 나면 쓰레기 대란이든 경제의 위기이든 다가올 더 큰 위기를 예견할 수 있고 대비할 수 있는 능력을 키우는 것, 이렇듯 오직 '생명에 이로운' 공부만이 어린이와 청소년들에게 나누고 가르쳐야 할 것들입니다.

코로나19 시대, 이미 온몸으로 경험한 변혁의 필요성을 외면한 채, 개인의 성공만을 위한 대학 입시 중심의 교육 체제로 퇴보하는 선택을 더 이상 하지 않아야 합니다. 교육은 현재 사회가 겪고 있는 불평등과 부정의를 직시하고, 고통의 근본적인 원인을 발견하고 해결하여 행복한 삶을 지속하는 능력을 기르는 과정이어야 합니다. 코로나 세대가 아니라, 새로운 세대로서 정의로운 세상을 만들겠다 선언하는 청소년들의 이야기에 귀 기울여주십시오. 그리고 함께 목소리 내어주시고 삶으로 실천해주십시오. 모두에게 이로운 교육 혁명의 길에 동시대를 살아가는 여러분이 동참해주시길 진심으로 바랍니다.

차례

1장

나는 대한민국 학생입니다

대한민국 청소년들은 극심한 경쟁 교육 시스템 속에서 많은 상처를 입고 있습니다. 왜 공부해야 하는지 이유도 모른 채 성적 압박에 과도하게 시달리며 스스로를 자책하기도, 부모님이나 선생님을 원망하기도 합니다. 그런 아이들이 "나는 대한민국 학생입니다"라고 당당하게 말하기란 어려운 일입니다. 그 정체성 속에는 경쟁에서 이기려 애쓰는 이기적인 내가 있는 것 같기도 하고, 부당하다 생각하는 일에도 침묵하고 있는 것 같은 죄책감도 들기 때문입니다.

하지만 교육 시스템을 누군가 바꾸어주기를 마냥 기다릴 수 없는 일입니다. 학부모와 교사가 이 문제를 통감하여 아이들의 이야기에 귀 기울이고, 학교 공간을 바꾸고, 교육 내용을 바꾸면서, 그렇게 교육 제도는 바뀌어 갈 것입니다.

사회 구조적 문제가 있다고 하더라도, 결코 포기할 수 없는 인생에 한 번뿐인 가장 아름다운 시간을 불평만 하며 무기력하게 보낼 수 없습니다. 그래서 대한민국 학생으로서, 청소년들이 말하고 싶은 교육의 이야기를 크게 외치려고 합니다. 우리가 누구인지, 어떤 삶을 살고 싶은지, 우리가 만들고자 하는 사회의 모습은 무엇인지 찾아가고자 하는 절박한 외침을 귀 기울여 들어주시길 바랍니다.

1

코로나19 교육 보고서

"코로나19 극복 성공 스토리 대신에 코로나19 재난 보고서를 쓰자는 것은 예전부터 있다가 2020년에 폭발해버린 재난적 삶의 조건에 더 주목하자는 제안이다. 확진자 수만이 아니라 바이러스가 파고든 사회의 갈라진 틈을 중요한 지표로 삼아야 한다. 미국 잡지 《애틀랜틱》에 과학 기사를 쓰는 에드 용은 2020년 9월호에 '팬데믹은 어떻게 미국을 무너뜨렸는가'라는 제목의 긴 글을 실었다. 기사에는 바이러스, 백신, 마스크, 호흡 장치에 대한 내용도 있었지만, 더 중요하게 등장한 것은 인종주의와 건강 불평등, 도널드 트럼프 대통령의 무능과 거짓, 각종 매체를 통한 가짜 뉴스의 전파 등이었다. 과학과 의학 전문가가 여럿 등장하는 과학 기사였지만, 또한 정치 기사이고 사회 기사였다. 에드 용은 바이러스가 신체만이 아니라 사회의 모든 갈라진 틈으로 들어가 그 근간을 흔들어놓는다는 점을 강조했다. 코로나19 시대에 바이러스와 감염병에 대한 과학 기사는 일종의 재난 보고서가 되었다."

– 전치형, 《한겨레》 「코로나19 재난 보고서를 쓴다면」(2020. 9. 25.) 중에서

코로나19가 발생한 지 1년이 지나고 전 세계 다양한 분야에서 코로나19에 대한 보고서가 나왔습니다. 단기적으로는 지금 이 상황을 해결하기 위해서, 장기적으로는 코로나19와 같은 재난이 올 때 대비할 방법을 마련해야 하기 때문입니다. 코로나19 감염자가 전 세계에서 가장 많은 미국의 경우 하루 확진자가 최대 20만 명(2020년 12월 기준)을 넘어섰고, 이에 정치적 분열, 혐오의 문화, 양극화된 경제 등 복합적인 사회 문제가 발생하여 이를 분석하고 대책을 세우기 위한 재난 조사 기구를 만들었습니다. 우리나라 역시 코로나19 이후 어떤 대응을 했는지 여러 분야에서 연구 결과가 속속 발표되고 있는데요. 대부분 감염병에 대한 성공적인 대응과 경제적인 부분, 앞으로 활성화될 비대면 분야에 대한 낙관적인 전망이 담겨 있습니다.

학교를 포함한 교육 현장은 어떤가요? 비대면으로 진행해 방역에 성공했다는 것이 코로나19 교육 보고서에 담겨야 할 모든 것일까요? 2020년 새학년 새학기 등교개학을 80일이 넘는 기간 동안 미루고, 이후 온 · 오프라인 등교를 병행하는 등의 대책을 통해 방역

에는 성공했을지 모르지만, 온라인 수업으로 인한 교육 격차 심화와 집중력 저하, 친구 관계 형성과 학교생활 적응의 어려움 등 기존에는 없던 여러 문제가 발생했습니다. 과연 코로나19 방역을 우리는 성공이라고 부를 수 있을까요?

우리나라 교육의 목표를 보며 생각해봅시다. 코로나19 속에서도 잘 지켜낸 교육의 목표는 무엇인가요? 또 놓친 것은 무엇인가요? 코로나19로 생긴 문제는 이미 갈라져 있던 틈을 파고들어 고질적인 문제를 드러나게 했을 뿐입니다. 교육목표가 코로나19라는 특별한 상황이 아니더라도 잘 실현되고 있었는지 다시 한번 생각해볼 필요가 있습니다.

대한민국 2015년 개정교육과정 · · ·

<교육과정 구성의 방향>

우리나라의 교육은 홍익인간의 이념 아래 모든 국민으로 하여금 인격을 도야하고, 자주적 생활 능력과 민주 시민으로서 필요한 자질을 갖추게 하여 인간다운 삶을 영위하게 하고, 민주 국가의 발전과 인류 공영의 이상을 실현하는 데 이바지하게 함을 목적으로 하고 있다.

<교육과정이 추구하는 인간상>

· **자주적인 사람 :** 전인적 성장을 바탕으로 자아정체성을 확립하고 자신의 진로와 삶을 개척하는 사람

- **창의적인 사람:** 기초 능력의 바탕 위에 다양한 발상과 도전으로 새로운 것을 창출하는 사람
- **교양 있는 사람:** 문화적 소양과 다원적 가치에 대한 이해를 바탕으로 인류 문화를 향유하고 발전시키는 사람
- **더불어 사는 사람:** 공동체 의식을 가지고 세계와 소통하는 민주 시민으로서 배려와 나눔을 실천하는 사람
- **자기 관리 역량:** 자아정체성과 자신감을 가지고 자신의 삶과 진로에 필요한 기초 능력과 자질을 갖추어 자기주도적으로 살아갈 수 있는 능력
- **지식정보처리 역량:** 문제를 합리적으로 해결하기 위해 다양한 영역의 지식과 정보를 처리하고 활용할 수 있는 능력
- **창의적 사고 역량:** 폭넓은 기초 지식을 바탕으로 다양한 전문 분야의 지식, 기술, 경험을 융합적으로 활용하여 새로운 것을 창출하는 능력
- **심미적 감성 역량:** 인간에 대한 공감적 이해와 문화적 감수성을 바탕으로 삶의 의미와 가치를 발견하고 향유할 수 있는 능력
- **의사소통 역량:** 다양한 상황에서 자신의 생각과 감정을 효과적으로 표현하고 다른 사람의 의견을 경청하며 존중하는 능력
- **공동체 역량:** 지역·국가·세계 공동체의 구성원에게 요구되는 가치와 태도를 가지고 공동체 발전에 적극적으로 참여하는 능력

우리나라 교육목표의 가장 중요한 키워드라고 한다면 '홍익인간', 즉 널리 인간세계를 이롭게 한다는 것입니다. 이를 향해 잘 나아가고 있나요? 당장 한 해에 9세부터 24세까지의 청소년 827명이

자살(2018년 기준, 2020 통계청)하고 그 이유 중 절반 이상이 학업 스트레스인데, 목표가 잘 이행되었다고 보기 어렵습니다. 오늘날 청년들에게 가장 중요한 화두라는 '공정성'의 문제도 교육의 목표가 제대로 달성되었다면 없었을 문제일 것입니다. 성적이 높아야 들어갈 수 있는 대학을 나온 사람이 너무나 큰 혜택을 누리는 것이 '공정'하다고 말하는 사회는 모든 인간에게 이롭지 않습니다. 이토록 불평등하고 이기적이며 서로 불신하는 사회에서, 우리 교육이 목표를 향해 잘 나아가고 있으며, 성공적으로 진행되고 있다고 감히 말할 수 없습니다.

> "희망은 앞으로 닥칠 불확실성 속에서도 명확한 시각을 제공한다. 함께할 가치가 있는 갈등이 있고, 그중 일부는 이길 가능성도 있다는 것이다. 희망의 가장 위험한 면 중 하나는 재난이 닥치기 전에는 모든 것이 괜찮았고, 과거로 돌아가야 한다고 믿는 실수에 빠지는 것이다. 팬데믹 이전의 평범한 삶은 이미 많은 사람들에게 절망과 배척의 시기였고, 환경과 기후의 재앙이자 불평등의 근원이었다. 비상사태가 끝난 뒤 어떤 일이 일어날지 지금은 알 수 없다. 하지만 어떤 결과를 만들어 내야 하는지 찾고, 결정할 수는 있다. 우리 중에 여러 사람이 이미 그럴 준비를 하고 있다고 믿는다."
>
> - 레베카 솔닛, 「불가능은 이미 일어났다」, 『코로나는 기회다』, 스리체어스, 23쪽

희망은 어려움을 딛고 새로운 가능성을 찾고자 할 때 비로소 실현될 수 있습니다. 그래서 청소년이 직접 경험한 바를 코로나19 교육 보고서로 썼습니다. 청소년이 겪은 어려움을 진지하게 귀 기울여 들어주시길 부탁드립니다. 지금 우리가 교육 현장에서 직면한 문제는 무엇인지, 앞으로 새로운 위기가 닥쳤을 때는 어떻게 하는 것이 현명하게 위기를 극복하는 방법일지 고민하고 그것을 극복할 방법을 함께 찾기 위한 코로나19 교육 보고서입니다. 전국의 많은 청소년 여러분도 공감하는 부분, 여기에 기록되지 않은 부분이 있다면 함께 목소리 내면 좋겠습니다. 이 기록이 우리 모두가 함께 겪고 있는 이 위기를 현명하게 이겨내서 인간으로서 존엄성을 지켜내고 더 나은 미래를 만들 것이라고 믿습니다.

온라인 수업으로 인한 학생들 사이 학업 격차가 커지고 있습니다

· 김다민(14세) ·

아침에 일어나면 학교에 갈 준비를 하고 출발합니다. 학교에 도착하면 줄을 서서 손 소독을 하고 열을 재고 교실로 들어갑니다. 이런 생활이 익숙해지고 있습니다. 그럼 교실 상황은 어떨까요? 교실에서 친구들은 두 부류로 나뉩니다. 공부를 열심히 하는 친구들과 공부에는 손도 대지 않는 친구들입니다. 온라인 수업을 기회로 열심히 공부해 성적을 올린 친구들이 있지만, 아예 공부를 놔버리고 모든 것에 무기력해진 친구들도 있습니다.

저는 그 두 부류 중간 어디쯤 있는 것 같습니다. 사실 어떻게 해야 하는지 잘 모르겠습니다. 아직 중학교 1학년밖에 되지 않은 저와 친구들이 벌써 공부를 포기하는 상황이 생겼는데 과연 우리나라 온라인 수업이 성공했다고 말할 수 있나요? 학원에서 4~5시간씩 공부하면서 거의 살다시피 지내는 친구들도 있는 반면, 공부를 더 하고 싶어도 학교에 가지 않으면 공부할 수 없는 상황에 있는 친구들을 보면 과연 이런 교육이 옳은 건가 하는 생각이 듭니다. 어른들은 온라인 교육으로 학교가 안전하게 잘 운영되고 있다고 말하지만, 그것은 사실을 잘 모르는 겉모습일 뿐입니다.

· 박시은(14세) ·

코로나19로 우리는 학교가 아닌 집에서 수업을 듣게 되었고, 모두 그렇겠지만 저는 온라인 수업이 어색하여 수업을 시작한 날에는 정말 어떻게 해야 하는지 아무것도 모른 채 수업에 집중하지 못했습니다. 그래도 저는 집에 컴퓨터도 있고 상황이 그나마 괜찮았는데, 온라인 수업을 제대로 받기 힘든 형편의 친구들을 생각했습니다. 그 친구들은 이전에는 학교에서 급식을 주었고 돌봄을 받을 수 있었습니다. 경제적으로 형편이 어려운 가정의 학생들은 부모님이 일하러 가셔서 제대로 된 돌봄을 받지 못하고 학교에서 하는 돌봄교실을 이용하였습니다. 그런 상황에 학교에 갈 수 없는 친구들은 앞길이 막막했을 것 같습니다. 정부가 온라인 수업의 수치적 성공만 이야기하지 말고, 실질적으로 어려운 친구들이 수업을 잘 들을 수 있는 대책을 마련해주었으면 좋겠습니다.

온라인 수업을 준비중인 선생님

© 연합뉴스

학교는 수업 일수만 채우는 곳이 아니라 자기주도 학습을 배우는 곳입니다

· 김희상(15세) ·

새로운 플랫폼과 기기를 활용한 수업으로 저와 친구들은 처음에는 흥미 있게 온라인 수업을 들었지만, 얼마 안 가 학교 수업이라기보다는 학생과 선생님이 전혀 소통하지 않는, 그저 수업 일수만 채우는 이상한 시간들이 되어버렸습니다. 하지만 놀랍게도 전교생의 시험 점수가 모두 좋았습니다. 그러나 이건 마냥 기쁜 일이 아닙니다. 소통이 안 되니 당연히 수업을 안 듣는 학생들도 많았고, 선생님들도 그런 상황을 아시기 때문에 시험 문제를 작년보다 훨씬 쉽게 내셨기 때문입니다. 소통 없이 시험만 치는 것이 수업인가요? 성적이 잘 나오면 그만인가요?

· 박유진(16세) ·

제가 생각하기에 코로나19로 드러난 우리 교육의 문제는 사교육에 의존하고 있는 것입니다. 온라인 수업을 하다 인터넷 연결이 끊기면 그날 수업 내용을 놓치게 됩니다. 그런데 학원에 다니는 친구들은 똑같은 내용을 한 번 더 보충해서 듣기 때문에 내용을 놓쳐도 상관없습니다. 그에 반해 학원에 다니지 않는 아이들은 이런 기술적인 문제로 수업을 놓치면 온라인으로 질문하기도 어려워 그냥 넘어가야 합니다.

게다가 등교 개학을 한 이후에도 학원에 다니거나 과외를 받는 아이들에 맞춰 학교 수업을 진행합니다. 시험까지 시간이 촉박하기 때문입니다. 심지어 일부 내용은 선생님께서 수업하지 않고 교과서를 집에서 읽어보라고 합니다. 학교는 원래 아이들을 교육하는 곳이고 학원은 보조적인 장소지만, 우리는 학원이 더 중요하고 실제로 학원에서 더 많은 것을 배웁니다. 학교는 단지 시험을 치는 곳으로 바뀌었습니다. 어떤 학생들은 학원 수업을 들으러 가야 한다며 학교에서 하는 온라인 수업 플랫폼에서 퇴장하는 경우도 있었습니다.

우리 교육이 사교육 중심으로 돌아가는 것은 코로나19와 온라인 수업 때문이 아니라 예전부터 존재하던 문제입니다. 코로나19로 인해서 가시적으로 더 드러났을 뿐입니다. 우리나라 교육에 대해 진지하게 고민하는 것은 코로나19에 대처하는 것만큼 심각하고 긴급하게 해야 할 일 아닐까요?

교육에서 이러한 문제가 더 심하게 드러나는 이유는 재난 상황이 벌어졌을 때, 그 문제를 해결하려고 다른 방법을 모색해보지 않고 원래 하던 교육 방식에 순응했기 때문이라고 생각합니다. 예를 들어 코로나19 발생 이전에도 수학 시간에 문제 풀이는 학원에 가서 들으면 되니 안 듣고 자는 친구들이 있었습니다. 선생님은 바로 앞에서 학생들이 자니 그래도 깨우기는 했습니다. 그런데 이 상황이 온라인으로 넘어가니 학생들을 집중시키기가 어려워져서 어차피 학원에 가서 다시 들을 거니 알아서 하라는 식으로 수업하는 선생님들이 많아졌습니다. 이런 재난이 생겼을 때, 잘못된 시스템이라면 그대로 방치해두는 것이 아니라 개선이 되기를 간절히 원합니다.

학교는 공동체 안에서 협동을 배우는 공간이 되어야 합니다

· 이재경(14세) ·

제가 생각하는 현재 교육의 가장 큰 문제는 다른 사람과의 의사소통이 줄고 있는 것입니다. 온라인 수업에서 대부분 학생이 마이크와 캠을 켜지 않습니다. 소통할 수 있는 플랫폼에서 하는 온라인 수업은 중간에 질문하는 학생이 있기는 하지만, EBS 온라인 클래스는 질문하기도 힘들고 영상만 보고 과제만 내면 끝나니 대충 듣는 학생도 많습니다. 학교가 중요한 이유는 선생님과 여러 친구가 공동체 생활을 하며 더불어 사는 법을 배우기 때문입니다. 하지만 지금은 모둠 활동도 없어졌고, 선생님과 하는 재밌는 대화도 많이 사라졌습니다. 또한 친구 얼굴을 보지 못하니 서로 어색해져 대화하기 힘듭니다. 이것은 꼭 교육제도만의 문제는 아니지만, 조금이라도 소통할 수 있게 방법을 바꿀 수 있다고 생각합니다. 이대로 친구가 줄어들고 협동이 사라질까봐 걱정됩니다

· 김숲(16세) ·

저는 우리나라 교육이 너무 개인의 능력을 키우는 것에만 맞추어져 있다고 생각합니다. 시험 문제를 풀 때, 우리는 혼자 그 문제와 씨름합니다. 함께 문제를 푸는 것은 부정행위라고 봅니다. 과목 관

련 활동을 할 때도 개인별로 점수가 매겨집니다. 우리에게 필요한 것은 더불어 살아가는 교육입니다. 함께 살아가는 법을 배우지 않는 사람들이 코로나19를 이겨낼 힘을 키울 수는 없을 것입니다.

· 백주은(16세) ·

저는 이때까지 변화가 필요했던 것들이 코로나19 이후에 바뀌기를 바랐습니다. 우리나라 교육의 목표를 생각하고 그에 맞춘 교육과정을 진행하고, 학생들을 평가하는 제도가 코로나19라는 큰 변화에 발맞춰 바뀌기를 말이지요. 하지만 변하지 않았습니다. 오히려 더 낡은 과거로 돌아가려고 합니다. 예를 들어 교육 일수를 맞추기 위해 토요일까지 학교에 갑니다. 수행평가를 칠 시간이 없어서 하루에 6개씩 수행평가를 해내며 선생님들은 쉴 새 없이 진도를 나갑니다. 급식도 3, 4교시로 나눠 먹고 무엇보다 칸막이로 된 좁은 식탁에서 투명 칸막이를 보며 급하게 식사해야 합니다. 학교생활을 하며 친구들과 즐거운 일상을 만드는 틈은 없어졌습니다.

코로나19로 많은 것이 변하였지만, 또한 많은 것들을 변화시킬 수 있습니다. 위기를 기회로 삼아 우리 교육의 문제를 정확하게 판단하여 코로나19로 인해 드러난 문제를 개선할 수 있습니다.

시험 위주의 교육에서 벗어나야 합니다

· 최준영(15세) ·

코로나19 초기, 온라인으로 시작한 새학기 수업은 선생님들이 동영상을 올리면 그 영상을 시청하는 방식으로 진행되었습니다. 45분씩 6교시 동안 앉아서 영상을 보는 일은 쉬운 일이 아니었고, 학교에 가는 것보다 당연히 집중하기 어려웠습니다. 선생님들도 이러한 사실을 고려하시고는 몇 주 뒤, 영상만 보는 수업에서 실시간 화상 수업으로 대체했습니다. 하지만 여전히 화면을 꺼놓고 PPT 자료만을 이용해 수업하거나, 화면에 동영상만 띄워놓은 채 수업을 하시는 선생님들도 있었습니다. 제가 느끼기에 화상 수업은 교육적 효과를 생각해서 했다기보다, 그저 해야 하는 일, 시수를 채워야 하기 때문에 하는 일이라고 생각했습니다.

그러나 더 안타까운 일은 코로나19가 발생하기 이전에 학교에 가서 했던 수업과 선생님이 틀어주시는 인터넷 강의가 별다른 차이가 없이 느껴졌다는 것입니다. 오히려 45분 동안 진행하는 수업에서보다 선생님이 틀어주시는 30분 안팎의 인강에 훨씬 정보가 많았습니다. 학교에서 가르쳐주는 지식보다 인강이 더 효율적이라면 우리는 왜 학교에 가야 하는지 궁금해졌습니다. 시험 기간이 되자, 그 답을 찾을 수 있었습니다. 학교에 가는 이유가 시험을 치기 위해서라는 것을요. 온라인, 오프라인의 차이이지, 진도를 맞추고 지식을 전달하고 그것을 평가하는 교육은 그대로입니다. 이것이 학교에 가야 하는 이유라는 것이 안타깝습니다.

코로나19로 학교를 가지 않았을 때, 내가 하고 싶은 것이 무엇인지 생각해보고 나다운 모습을 찾는 과제를 받고 수행했다면 우리 모습이 더 좋아지지 않았을까요? 어떤 지침도 없이 막연히 작년 교과과정에 맞춰 시험 대비만을 하고 있다가 여유도 없이 진도에 맞춰 공부하는 상황이 답답합니다.

· 최현우(15세) ·

교육은 삶을 살아가는 여러 방법을 배울 기회를 우리에게 주어야 합니다. 교과서에 나오는 내용도 좋습니다. 그것을 형식적으로 알려주고 외우는 방법이 아니라 잘 습득할 수 있는 프로그램 등으로 바꾼다면 우리는 기꺼이 창의적이고 자주적이며 더불어 살아갈 사람이 될 기회로 삼을 수 있습니다.

· 이유진(16세) ·

"다시 말하지만, 시험은 너희 인생의 전부가 아니다." 중학교에서 마지막 시험을 앞두고 담임선생님이 종례 시간마다 하시던 말씀입니다. 앞으로 우리가 겪어야 할 일은 수없이 많고, 16년 인생에서 한 번 일어나는 일에 우리의 인생은 크게 좌지우지되지 않는다고 말입니다. 그렇습니다, 저희도 알고 있습니다. 앞으로 다가오게 될 수많은 시험과 고난을 생각하면 이번 시험은 작고 미미할 뿐이라는 것을요. 하지만 그걸 알고 있으면서도 이번 시험이 인생에서 마지막 시험 같았습니다. 누군가는 끝을 보겠다며 새벽까지 공부했고, 누구는 내 인생은 망했다며 어떻게 찍어야 재미있게 찍을 수 있을까를 떠들었습니다. 시험이 끝나고 누군가는 울었고 누군가는 웃었습니다. 또 누군가는 "코로나만 아니었으면 더 잘 나왔을 텐데…"라고 불평을 늘어놓았고 다른 누군가는 "코로나 덕분에 잘 놀았다"라고 했습니다.

하지만 제 생각은 다릅니다. 코로나 때문이라고 하지만 우리 교실은 바뀐 게 없습니다. 왜 누군가는 나락으로 떨어지고 누군가는 죽을힘을 다해 위로 올라갈까요? 이 생각을 하며 든 또 다른 생각은 '왜 그래야만 하는가'입니다. 코로나 이전과 이후의 교실 풍경이 바뀌지 않은 것은 경쟁 시스템이 바뀌지 않았기 때문입니다. 시험이 끝난 교실은 학교 가는 게 행복하다는 생각이 들 정도로 참 즐겁습니다. 울고 찌푸리던 아이들의 표정에 웃음이 돌며, 원하는 이야기를 하고 삼삼오오 모여 게임을 하기도 합니다. 시험도, 수행평가도 끝난 교실은 그게 가능합니다.

인디고 서원의 정원에서 토론하는 청소년들

© 인디고 서원

옳은 가치가 무엇인지 생각할 수 있는 교육이 필요합니다

· 하준수(15세) ·

저는 학생들이 용기 있는 사람으로 성장하도록 학교에서 가르치고 용기 있는 학생들을 응원해주면 좋겠습니다. 학생들이 불의에 때로는 적극적으로 항의하고 스스로 생각하는 옳음에 자신감을 가지도록 지지하는 것이지요.

· 이선우(16세) ·

저는 12년간의 교육과정을 거치고 나면 모든 학생이 자아 존중을 할 수 있기를 바랍니다. 지금은 거의 모든 학생들이 학교 안에서 우월감 혹은 열등감을 느낍니다. 모든 학생이 서로 경쟁하고 비교합니다. 스스로 원하는 삶을 선택하고 무엇이 옳은지를 생각하는 방법을 알려주는 교육이 필요합니다. 어떤 것이 정의로운지 알고 세상의 다양한 아름다움을 찬찬히 깊게 감상하는 시간이 있으면 좋겠습니다. 그러면 자신의 아름다움도 알고, 어떤 분야에서 자신 있는지도 알게 되어서 자신이 소중한 존재임을 깨달을 수 있을 것 같습니다.

· 이수겸(18세) ·

우리나라 교육의 목표는 '자주적인 사람', '창의적인 사람', '교양 있는 사람', '더불어 사는 사람'을 양성하는 것에 있습니다. 하지만 학교에서는 배려와 존중, 타인에 대한 공감 등 인간으로서 지켜야 할 가장 중요한 것들을 알려주지 않고 선생님의 지시 없이는 아무것도 할 줄 모르는 학생을 기릅니다. 창의적이기보다는 틀과 형식이 존재해야 과제를 수행할 수 있고, 그저 주어진 수많은 정보를 처리할 줄 아는 청소년만 양성하고 있습니다.

저는 이런 방식이 무비판적이고 순종적인 겁쟁이를 키운다고 생각합니다. 학교에서는 선생님의 지시를 잘 따르고 의견에 반기를 들지 않으며, 주어진 문제만 잘 푸는 사람을 모범생이라고 합니다. 그런 식으로 초·중·고등학교를 보내고 대학교에 가서 어떤 문제를 해결해야 할 때나 질문해야 하는 상황이 올 때 적극적으로 나서지 못한다고 생각합니다.

원래 목표에 맞게 훌륭한 시민을 기르는 교육으로 바뀌기를 진심으로 바랍니다. 그래야 우리는 살 수 있습니다. 코로나19로 힘들어진 영세 사업자분들이, 헌신하신 의료진분들이, 교육적 혜택에서 많은 불이익을 받은 아이들이 고통을 딛고 인간답게 살 수 있는 세계를 만드는 힘은, 바로 원래의 교육목표를 제대로 이행하는 것에 있음을 우리 모두가 명심하면 좋겠습니다.

교육 현장에서 코로나19로 겪는 문제가 분명히 있지만, 청소년들이 말하듯 그것은 코로나19 이전과 크게 다르지 않습니다. 온라인 수업에 만족 여부나 미래에 대한 부정적인 진단을 넘어, 우리가 나아가야 할 교육의 본질적인 방향성에 대한 새롭고 또 끈질긴 논의가 필요합니다. 코로나19 교육 보고서에는 결론이 아직 없습니다. 그러므로 여러분께서 친구, 선생님, 부모님과 함께 대화해주십시오. 그리고 학교 내 토론의 장에서, 시·도 차원의 정책 회의에서, 국가 교육 기관에서 코로나19로 극명하게 드러난 교육의 근본적인 문제를 어떻게 해결해나갈 것인지 더 뜨겁게 이야기 나눠주십시오. 그것이 우리가 이 위기의 시대를 딛고 새로운 시대를 열어갈 가능성이라 믿습니다.

2

우리에게 학교는 어떤 의미인가요?

온라인으로 수업을 1년 하고 나니 점점 이 생활에 익숙해져 갑니다. 코로나19 전에는 아침 일찍 눈을 뜨고 학교에 가야 한다는 것에 끙끙거리며 가기 싫다고 투덜거렸는데, 방에서 온종일 노트북을 두드리거나 온라인으로 주어진 숙제만 계속하다 보면 차라리 학교에 가고 싶다는 생각이 들기도 합니다. 그런데 또 막상 가면 친구들을 만나서 좋기도 한데 피곤하기도 합니다. 참 모순적인 것 같습니다.

온라인 수업만으로 학교의 의미가 다 채워지지 않는 이유는 무엇일까요? 친구 관계가 소원해진 것 때문에 불편함을 느끼는 친구들도 있고, 너무 집에만 있다 보니 가족들과 갈등이 깊어지는 경우도 있습니다. 학교라는 돌봄의 공간이 절실하게 필요한 경우도 있겠습니다. 학교에 가지 않으면 급식을 먹을 수 없거나 돌봐줄 사람이 없어 위험한 상황에 놓이는 어린이들, 청소년들이 있기 때문입니다.

실제로 서울 시내 초등학교 중 사립초등학교의 경우 국공립초등학교보다 2배 이상 많은 일수를 등교 수업으로 진행했고, 사교육에 대한 수요는 무려 27% 정도가 증가했습니다. 교육 불평등의 폭은 점점 커지고 있습니다.

이렇게 놓고 보니 어쩌면 대한민국 청소년들이 학교에 가기 싫어하는 이유가 학교 자체만의 문제가 아니라는 생각이 들었습니다. 만약 학교에 친한 친구들이 있다면 그 친구들을 보러 간다는 생각만으로도 학교는 가고 싶은 곳이고, 때론 고되고 슬픈 일이 있기도 하지만, 살아가는 방법을 배우는 곳이기도 합니다. 정말 문제가 되는 것은 대한민국의 입시제도 혹은 우리 사회가 교육을 대하는 태도입니다.

학교는 대학을 가기 위한 수단이나 관문이 아닙니다. 서로의 얼굴을 마주하고, 감정을 나누며, 함께 일상의 소중한 순간들을 공유하는 공간이지요. 전 세계 곳곳의 특별한 학교를 소개한 『이상한 나라의 학교』에 보면 가난한 아이들에게 살아갈 이유를 깨닫게 해주는 곳이 학교이고, 공간에 제약 없이 배움을 가능하게 하는 곳이 학교이며, 사회에서는 아직 용인되지 않았지만 소중한 소수의 목소리나 미래의 가치가 인정되는, 가장 깨어 있고 앞서가는 곳이 학교입니다.

코로나19로 학교에 가지 않으며 여러분이 깨달은 학교의 의미는 무엇인가요? 앞으로 학교는 어떤 공간이 되어야 할까요?

학교는 공감과 공생을 배울 수 있는 곳입니다

· 전서영(16세) ·

온라인 수업을 하니 장점도 있습니다. 등하교 시간을 절약하고, 교실 청소를 할 필요도 없고, 화장실도 편하게 쓰고, 불편한 교복을 입을 필요도 없습니다. 이렇듯 학교에서 겪었던 불편함들을 겪지 않아도 되는 측면이 있습니다. 하지만 학교의 중요한 기능, 사람과 사람 사이의 교류가 이루어지지 못하고 있는 것 같습니다. 수업 시간에 화상으로만 만나다 보니, 새로운 반 친구들과 이야기를 나누고 친해지는 시간이 없어졌습니다. 확실히 새 친구들과 소통이 줄어들었습니다. 선생님은 온라인 수업에서 학생들을 집중하게 하기가 어려워졌다고 하십니다. 저도 그 말에 동의합니다. 그러나 공부보다도 '오프라인' 학교에서만 우리가 누릴 수 있었던 친구들 사이의 우정과 공감의 시간에 목이 마릅니다. 다양한 사람들과 만나고, 함께 지내는 일은 앞으로 사회를 이끌어갈 학생들에게 중요한 경험이라고 생각합니다.

· 한서현(16세) ·

학교는 공부를 하는 것만이 아니라 서로 소통하고 공감하는 방법을 배우는 곳입니다. 학교는 살아가면서 겪어야 할 고난들을 헤쳐

나갈 능력과, 서로 공존하며 자신의 꿈을 찾을 수 있는 도움을 주는 곳이어야 합니다.

· 김성윤(15세) ·

학교는 우리가 친구와 대화를 하고 여가를 즐길 수 있는 곳이어야 합니다. 또한 서로를 존중할 수 있는 곳이어야 합니다. 학교는 개인적인 학업의 성취를 위해 다니는 곳이 아니라, 자아를 실현할 수 있는 능력과 지식을 공유할 수 있는 곳이어야 합니다.

· 정시우(14세) ·

공부의 궁극적 목표는 자신의 재능을 세상의 발전을 위해 마음껏 펼치는 것인데, 자신의 의견이 옳고 그른지를 모른다면 자신의 의견만 내세우는 이기적인 사람들이 많아질 것입니다. 학교는 무엇이 옳은지 판단하게 해주고, 그 판단의 이유에 공존과 공생을 생각할 수 있게 해주는 곳입니다.

인디고 서원에서 주최하는 청소년 인문 토론 행사
'정세청세(정의로운 세상을 꿈꾸는 청소년, 세계와 소통하다)'에
온라인으로 참여한 청소년들

ⓒ 인디고 서원

학교는 새로운 세상을 만날 수 있는 곳입니다

· 이다인(15세) ·

사회는 차별이 많은 곳이고 그로 인해 피해를 받는 사람도 있습니다. 학교에서 차별하지 않고 다 같이 지낼 수 있도록 가르치면 좋겠습니다. 학교에서 다양성을 존중하는 경험이 생기면 분명 사회 전체가 바뀔 수 있기 때문입니다.

· 김유준(15세) ·

학교는 우리가 살고 있는 세상의 문제를 발견할 수 있도록 도와주고 그 문제를 해결하는 법을 찾아나갈 수 있게 해주는 곳, 다르다고 차별하고 경계하는 곳이 아닌 받아주고 인정해주는 곳이어야 합니다.

· 이진복(15세) ·

학교는 사회에서 소외된 아이들에게 삶의 희망을 주고 자신에게 아무런 미래가 없다고 생각하는 아이들에게 미래를 꿈꾸게 하는 공간입니다. 아이들에게 삶의 의미를 찾도록 도와주는 곳입니다.

· 백주은(16세)

지금의 우리 교육은 국 · 영 · 수 등 대학입시와 관련된 주요 과목만

비중 있게 가르칩니다. 하지만 앞으로 학교에서 정치, 경제, 세계의 일을 배워야 한다고 생각합니다. 우리 사회가 어떻게 돌아가는지, 알려진 정보의 옳고 그름을 판단할 수 있어야 하고, 우리나라뿐만 아니라 전 세계의 정치나 경제는 어떻게 발전할 것인지 배워야 한다고 생각합니다. 또한 전 지구가 함께 겪고 있는 환경문제나 다른 나라가 겪고 있는 위기와 어려움에 대해 배워야 합니다. 우리가 앞으로 살아가는 세상이 보다 정의롭고 평등하며 차별을 없애기 위해 공부하는 것이므로, 이런 이야기가 어렵게 느껴져서는 안 됩니다.

학교는 살아갈 이유를 찾을 수 있는 곳입니다

· 김수희(15세) ·

학교는 우리를 평가하여 대학에 보내는 공장이 아닙니다. 진정한 학교의 목적이자 역할은 우리가 각자의 삶을 잘 살 수 있도록 같이 준비해주고 도와주는 것이죠. 더불어 살아가는 것, 나와 다른 사람을 이해해주는 것, 관용의 경험, 기본 지식, 책임감과 자신감 등이 삶에 필요한 기술입니다. 이런 것들은 컴퓨터 앞에 몇 시간 앉아 있는다고 해서 습득할 수 있는 것이 아닙니다. 학교가 삶의 기술을 가르치는 공간이라는 사실을 잊지 않으면 좋겠습니다.

학생들 각자가 자신의 취미와 재능을 찾아야 합니다. 이를 알지 못하면 그저 취업, 특히 돈을 많이 버는 직업을 갖고 싶다고만 생각하게 됩니다. 학교에서 우리는 알고 싶고 하고 싶은 것을 해보고 질문하며 생각을 나눌 수 있어야 합니다. 학교는 미래를 준비하고 살아 숨 쉴 수 있는, 살아갈 이유를 주는 곳입니다.

· 심규형(15세) ·

학교는 가야 하는 곳이 아닌 가고 싶은 곳이 되어야 합니다. 수업을 듣고 공부하면서 더 나은 삶을 살기 위해 모두가 학교에 갈 수 있고 가고 싶어 하는 곳이 되면 좋겠습니다.

· 김태정(14세) ·

학교는 공부만 하는 곳이 아닌 세상과 마주할 때를 준비하는 곳입니다. 공부하고 친구들과 놀면서 사교성을 키워 나중에 사회로 나갔을 때 정말 행복하게 살고 있다는 느낌이 들 수 있도록 해야 합니다.

· 박산휘(14세) ·

학교는 친구를 사귈 뿐만 아니라 삶에 희망을 불어넣어주는 곳입니다. 세상의 목소리를 듣지 못하는 아이들에게 세상으로 나아가는 문을 열어주는 곳입니다.

· 김숲(16세) ·

저는 등교 개학이 연기되는 동안 학교에 가고 싶다고 생각했던 학생입니다. 학교에서 친구들과 경쟁하는 것을 싫어하고, 시험 치는 것에 스트레스를 많이 받아 평소 학교에 대해 그리 좋지 않게 생각했는데도 불구하고 도대체 왜 학교에 가고 싶다고 느꼈을까요? 학교에서 벗어났음에도 우린 왜 개학이 연기되는 동안에, 온라인 수업을 하는 동안에 허전함과 무기력함을 느꼈을까요?

저는 우리 교육의 목표가 오직 수능이 아니라 자유의 쟁취면 좋겠다고 항상 생각합니다. 이번 코로나 사태처럼 예측하지 못한 위기가 오더라도, 분명 그 속에서도 우리가 나아가야 할 사회를 상상하고 무엇을 할 것인지 생각하며 자유를 누릴 수 있습니다. 학교는 우리가 더 나은 세상을 상상하고, 그것을 실현하고자 하는 마음을 길러주어야 하는 곳이라고 생각합니다. 그렇기에 학교는 우리에게 소중한 곳입니다.

3

경쟁이 없다면 우리는 어떤 모습을 하고 있을까요?

독일은 제2차 세계대전을 일으킨 국가이자 그 전쟁에 패배해 폐허가 되었던 국가입니다. 그리고 전 세계 600만 명의 유대인을 학살한 히틀러와 나치당의 나라이기도 합니다. 독일은 패전 후 치욕스러운 역사를 반복하지 않기 위해 애써왔고, 『나는 독일인입니다』는 성찰과 반성의 역사 교육을 받은 세대인 저자 노라 크루크가 "나는 독일인입니다"를 당당하게 말하기 위해 자신의 뿌리를 찾아가는 여정입니다.

노라 크루크는 "독일인입니다"라고 이야기하면 모두가 떠올리는 '나치의 유대인 학살'의 이야기 앞에서 질문합니다. 과연 '독일인'이란 무엇인가, 혹은 독일인인 자기 자신은 도대체 누구인지 말이지요. 독일은 역사 교육을 통해 자신들의 잘못을 철저히 반성하고 있는 것으로 유명합니다. 누군가를 배척하거나 따돌리는 일은 꿈도

꾸지 못할 만큼 엄격하게 부끄러움의 역사를 배운다고 하지요. 하지만 노라 크루크는 질문합니다.

> "우리는 수만 명의 독일인들이 나치 정권에 맞서다 죽었다는 사실을 배우지 못했다. (그랬다간 저항하지 않았던 사람들을 상대적으로 더욱 떳떳하지 못하게 만들 수도 있으니까?) 15만 명의 유대계 후손들이 독일 국방군에 소속되어 싸웠다는 것도 배우지 않았다. (그들의 참전이 우리 죄의식을 덜어줬을지도 모르니까?) 연합군 폭격이 벌어지는 동안 감내했던 사상과 손실, 1945년 이후 수백만 명의 독일인들이 예전에는 독일의 동부 지역이었던 곳에서 추방된 일에 대해서도 거의 배우지 못했다. (자기 연민은 잘못된 것이라는 걸 알았으니까?)"
>
> – 노라 크루크, 『나는 독일인입니다』, 엘리, 32쪽

부끄러운 역사이기 때문에 잘 안다고 생각하지만, 저자의 아버지는 자신의 아버지가 나치당원이었는지 아니었는지, 자신의 형은 왜 전쟁에 참전했는지 알지 못합니다. 아버지뿐만 아니라 모든 가족은 예전의 기억을 들여다보고 싶어 하지 않습니다. 하지만 저자가 질문했듯, 내가 누구이고 나의 정체성이 무엇인지 정확히 알지 못하고서는 앞으로 내가 나아갈 길이 어디인지 알기란 어렵습니다. 아니, 불가능한 일일지도 모릅니다. "나는 독일인입니다"라고 말하는 것의 의미가 무엇인지 분명히 알아야, 전쟁이 무엇이고 평화가 왜

필요한지에 대해 진정으로 알 수 있습니다.

제2차 세계대전에 패한 후 독일은 나치당에 가입하고 활동한 사람들을 엄격하게 조사하고 법적으로 처벌했습니다. 그 과정에서 나치 당원 활동의 정도를 파악하는 '자가 진단서'를 작성하게 했는데, 그 자료를 보면 당시 시대적 분위기와 사회적 상황에 어쩔 수 없이 당원 활동을 했더라도 부끄러운 자기 고백을 하는 사람들의 마음이 보이는 듯합니다.

대한민국의 청소년 대부분은 이토록 치열한 경쟁 교육을 자발적으로 원한 적 없고, 주입식 · 암기식 교육에 스스로 동의한 적이 없습니다. 하지만 잘못된 줄 알면서도 어쩔 수 없이 '입시 전쟁'에 가담하고 있는 것에 죄책감 혹은 부끄러움을 느끼기도 합니다. '대한민국 학생'임이 부끄럽지 않기 위해서, 자가 진단서를 작성해보았습니다. 대한민국 학생인 '나'를 제대로 보기 위한 시도이고, 부끄럽지 않기 위한 고백이기도 합니다.

대한민국 입시 경쟁 가담 자가 진단서 · · ·

- 현재 교육에 대해 잘못된 점을 느낀 적이 있는가?
- 잘못됐다고 느꼈지만, 친구보다 시험을 잘 쳤을 때 행복한 적이 있는가?
- 성적이 내가 누구인지를 뜻한다고 생각하는가?
- 학교의 이름으로 나의 가치를 매기는 것이 당연하다고 생각하는가?
- 나는 상위권 성적을 위해 친구에게 경쟁심을 가진 적이 있는가?

- 만약 경험이 있다면, 그 경쟁을 통해 얻은 것이 있는가?
- 공부를 잘해 남들보다 많은 특권을 누린 적이 있는가?
- 성적만으로 사람을 판단한 적이 있는가?
- 성적이 낮다는 이유로 친구나 선생님에게 차별을 받은 적이 있는가?
- 입시체제 속에서 살아남은 학생들을 '승리자'라고 생각하는가?
- 대학의 이름과 성적이 정말로 나의 삶에 도움이 된다고 생각하는가?
- 성적이 떨어지는 게 두려운 적이 있는가?
- 학업 스트레스로 인해 정신적으로 힘들었던 적이 있는가?
- 대한민국에서 교육을 받는다는 사실이 자랑스러운가?
- 경쟁을 거부한 적 있는가?
- 경쟁 교육이 아닌 모두가 행복할 수 있는 교육에 찬성할 것인가?
- 내가 어른이 되었을 때, 자녀에게 나와 같은 경쟁 교육을 시키지 않을 자신이 있는가?
- 자녀 중 한 명이 교육 시스템으로 인해 너무 힘들고 괴로워한다면 나머지 자녀에게 어떻게 할 것인가? 더 큰 기대를 걸 것인가, 아니면 자녀 모두에게 선택의 자유를 줄 것인가?
- 만약 나의 아들딸이 왜 교육제도를 바꾸지 않았나 물어보면 당당하게 이유를 설명할 자신이 있는가?
- 나는 대한민국 교육에서 어떤 학생인가? 스스로 1~2줄로 평가하시오.

우리도 나 자신을, 우리 사회를 제대로 알지 못하면서 잘 안다고 생각하는 것은 아닐까요? 대한민국의 청소년에게 가장 강력한 정체성은 아마도 '학생'일 것입니다. 여러분은 떳떳하게 "대한민국 학생입니다"라고 말할 수 있나요? 대한민국 학생이 가진 의미가 무엇인지 알기 위해, 나아가 앞으로 만들어갈 정체성이 무엇인지 알기 위해 솔직하게 질문하고 답해보았습니다.

한국 학생은 학교에,
국가에 어떤 존재인가?

· 장혜원(16세) ·

인적 자원입니다. 사람으로 보기보다는 개발하고 가꾸어야 하는 자원으로 생각하는 것 같습니다.

· 배현진(16세) ·

학생은 학교 실적을 위해 열심히 공부해야 하고 국가 차원에서는 다른 나라와 경쟁시키기 위한 인적 자원입니다.

· 이유진(16세) ·

말 그대로 미래의 인재라고 여겨지는 것 같습니다. 인격체로 인정받기보다는 나라를 위해 힘써야 하는 일꾼과도 같은 느낌입니다.

· 박보정(16세) ·

학교와 국가가 교육에 대해 별 관심이 없는 것 같아서 학교와 국가가 학생들을 어떤 존재로 생각하는지 잘 모르겠습니다.

어른들은 자신들의 세대와 비교했을 때 교육이 달라진 것이 없음에도 왜 변화의 목소리를 내지 않는가?

· 장혜원(16세) ·

먹고 살아가는 문제로 이미 지쳤기 때문입니다.

· 배현진(16세) ·

당연하다고 생각해서 그런 것 아닐까요? 또 그렇게 생각해야 마음이 편합니다.

· 박보정(16세)

어른들에게 학생의 문제란 과거일 뿐이기 때문입니다.

· 김예슬(16세) ·

'너도 당해봐라'라는 생각을 하는 것 같습니다. 또 어른들은 지금과 같은 교육만 받았기 때문에 교육의 다양성을 모릅니다.

· 이유진(16세)

변화의 목소리를 내는 어른도 있습니다. 하지만 결정적으로 그 목소리를 듣고 바꿀 수 있는 사람들은 귀를 막고 있는 것이 아닌가 하는 생각이 듭니다.

2018년 3월,
미국 플로리다 주에서 열린
총기 사용 반대 운동에 참여한 청소년들

© Alex Koester

왜 우리는 서열화하고 등수를 계산해서
학생들을 판단하는 게 잘못된 걸 알면서 시험을 마치면
등수를 궁금해하며 알려고 할까?

· 김예슬(16세) ·

등수나 성적으로 받을 수 있는 이득이 매우 크기 때문입니다.

· 장혜원(16세) ·

공부 이외에 다른 부분의 나에 대해서 잘 알지 못하기 때문이기도 합니다.

· 김성환(16세) ·

자신보다 못하는 사람을 찾아서 자신이 시험으로 받은 고통을 우월감으로 보상받고 싶어하기 때문이라고 생각합니다.

· 박보정(16세) ·

성적이 좋은 사람은 자신의 의지와 상관없이 주변에서 우월감을 안겨줍니다. 저 역시 그 우월감이 어떤 것인지 경험해본 적이 있습니다. 우리가 시험을 치고 등수를 알려고 하는 이유는 우월감이라는 달콤한 특권이 나에게 올 수 있다는 희망 때문입니다.

과연 주입식 교육이 우리의 생활 수준 개선에 정말 도움이 되었나?

· 이유진(16세) ·

경제 수준은 좋아졌을지 모르지만 우리를 행복하게 만들지는 않았습니다. 우리는 공부의 노예가 되었습니다.

· 김예슬(16세) ·

생활 수준 개선에 도움이 되었는지는 잘 모르겠지만, 주입식 교육을 받은 학생들이 인간다운 삶을 살게 하는 것에 실패했다는 것은 확실합니다.

· 김성환(16세) ·

별로 도움이 되지 않는다고 생각합니다. 예를 들어 과학 시간에 구름 생성 과정에 대해 배웠는데, 정작 어디에 어떻게 응용할 수 있을지 생각하려고 하는 경우가 거의 없기 때문입니다.

한국 학생들은 좋은 학교, 좋은 직장,
좋은 성적을 얻는 그 과정이, 그리고 그 결과가
정말 자랑스러울까? 혼란스러울까?
학생들은 무슨 생각을 하며 12년을 버티는 것일까?

· 장혜원(16세) ·

다 버티고 나면 자랑스러울 것입니다. 우리 사회의 분위기가 좋은 학교와 성적을 자랑스럽게 느끼도록 해주기 때문입니다.

· 배현진(16세) ·

일부는 자랑스럽고 일부는 혼란스러울 것 같습니다. 너무나도 당연하고 지금까지 해오던 것이기에 아무렇지 않게 이 또한 지나갈 것이라는 마음으로 버티는 것 같습니다.

· 김예슬(16세) ·

어쩔 수 없다고 느끼기 때문입니다. 저 자신이 이미 지금의 교육 방식에 익숙해졌다고 생각합니다.

· 우승현(16세) ·

아무 생각이 없습니다. 정해진 길이 있으니 부모님과 교육 제도가 이끄는 대로 갈 뿐입니다.

· 박유진(16세) ·

문득 좋은 성적, 좋은 등수에 집착한 저 자신이 참 불쌍하게 느껴집니다. 좋은 학교, 좋은 대학, 좋은 직장이라는 정해진 길을 따라가도 남을 견제하고 내 행복을 억누르면 결국 지금처럼 '왜 지금까지 견제하고 살았지' 하고 허무해질 것 같습니다.

· 진정호(18세) ·

초등학생이나 중학생 때는 잘 모르니 어른들이 시키는 대로 따라서 하고, 세상에 조금씩 눈 뜨기 시작할 때쯤에는 이미 너무 많은 시간을 지금 과정에 따라오다 보니 아까워서 포기할 수가 없게 됩니다. 이렇게 12년이 지나갑니다. 선생님들이 종종 학창 시절 수학여행 갔던 것밖에 기억이 안 난다고 하는 것도 아프고 나쁜 기억들은 잊으려는 인간의 본성 아닐까요? 그냥 버티는 것입니다.

입시 전쟁은 얼마나 많은 사람들의 영혼을 죽여왔는가? 왜 그 죄는 아무도 묻지 않는 것인가?

· 김도환(18세) ·

축구나 게임을 할 때, 다 같이 열심히 수행평가 활동을 하거나 혼자 재미있는 소설을 읽을 때는 정말 행복합니다. 슬픔과 즐거움, 괴로움 등 다양한 감정을 느낍니다. 하지만 학원이나 독서실에서는 그러기 어렵습니다. 학원에서 가장 많이 드는 생각은 '이걸 내가 왜 하지', '살기 싫다'와 같은 무기력함입니다. 결과에 상관없이 과정이 끔찍합니다. 좋은 인격을 가지고 싶은 사람을 좌절하게 만드는 과정이 바로 지금 우리가 지나고 있는 교육 과정입니다. 그런데 그 말을 하면 더 이상한 사람이 됩니다. 그 시선 때문에 우리는 이야기를 꺼리게 됩니다.

· 장혜원(16세) ·

모두가 일정 부분 책임이 있기 때문에 상대적으로 죄책감을 덜 느끼는 것은 아닐까요?

· 김예슬(16세) ·

많은 사람들의 영혼을 죽여왔습니다. 그 죄를 지은 사람들은 너무나도 많기 때문에 어떤 처벌을 할지 몰라 아무도 죄를 묻지 않습니다.

한국 학생으로서 우리가 할 수 있는 선택은 무엇인가?

· 박보정(16세) ·

나를 잃지 않는 것입니다. 내면의 목소리에 귀 기울이는 것입니다.

· 우승현(16세) ·

나보다 이후에 태어난 친구들은 이런 교육 제도에서 살지 않도록 개선하려는 의지를 갖는 것입니다.

· 이연경(18세) ·

다양한 선택을 할 수 있습니다. 지금처럼 경쟁 교육을 따르며 무의미하게 살 수도 있고, 그 틀에서 벗어나 자유롭게 살 수도 있습니다. 가장 중요한 것은 무작정 따르지 않고, 현실을 피하지 않으려는 노력입니다. 더 이상 나의 후배가, 나의 자식이 이런 고통스러운 과정을 밟지 않아도 되도록 현실을 직시하는 선택을 하는 것입니다.

· 송현진(20세) ·

"서로에게 감당할 수 있는 것만을 기대하는 것이 도덕이다. 감당할 수 없는 것을 요구하고, 요구가 받아들여지지 않았다고 해서 타인을 괴롭히는 사회는 사악하다." 김홍중 교수의 『은둔기계』라는 책에서 발견한 문장입니다. 견딜 수 없는 입시 경쟁 교육을 견디라고 말하는 것이, 아이들이 무기력에 빠지고 우울함에 힘들어 해도 견뎌야 한다고 말하는 것이 얼마나 사악한 것인지를 깨달아야 합니다. 견딜 수 없는 것을 견디지 않는 것, 그것이 우리가 할 수 있는 선택이라고 생각합니다.

경쟁과 주입식 교육에 이토록 스트레스를 받으면서도 인간답게 살려면 어떻게 해야 하는가?

· 장혜원(16세) ·

자기 자신에 대해서, 내가 무엇을 좋아하는지 어떤 사람인지에 대해서 생각하고 알아나가는 시간을 가져야 한다고 생각합니다.

· 배현진(16세) ·

적어도 이런 경쟁과 주입식 교육을 받으면서 비인간적인 생각이나 행동, 예컨대 옆에서 이야기하고 있는 친구를 경쟁자로 생각하는 당연함을 깨뜨리려는 노력을 해야 할 것 같습니다.

· 우승현(16세) ·

내가 좋아하는 것을 찾아야 합니다. 잘하지는 못해도 하면 행복한 것이 있어야 스트레스를 이겨낼 수 있기 때문입니다.

· 박유진(16세) ·

모두가 경쟁하는 분위기에서 아예 경쟁하지 않는 것은 불가능하다고 생각합니다. 그래도 경쟁 속에서 최대한 나를 잃지 않고 주입식 교육 속에서 내가 좋아하는 것과 나 자신을 지켜나가면 인간답게 살 수 있다고 생각합니다. 시험 기간에 많이 지칠 때 새벽에 책을 다 덮고 좋아하는 노래를 들으면 내가 아직 여기 존재한다고 느낍니다. 그런 시간을 가질 수 있는 사람들이 많아질 때, 우리 모두가 겪고 있는 이 부당한 현실을 함께 바꿀 수 있다고 생각합니다.

경쟁이 없다면 우리는 어떤 모습을 하고 있을까?

· 장혜원(16세) ·

조금 더 생동감 넘치고 자신감 있고 활기찬 사람이 되었을 것입니다.

· 이유진(16세) ·

경쟁이 없는 사회는 상상하기 어렵지만, 입시 경쟁이 없다고 가정해보면 우는 시간보다 웃는 시간이, 공부하는 시간보다 책을 읽는 시간이, 입시 공부하는 시간보다 더 나은 내일을 상상하는 시간이 많았을 것입니다.

· 김예슬(16세) ·

각각의 인격과 개성을 모두가 차별하지 않고 열등감과 우월감을 느끼지 않고, 나다운 삶을 살고 있을 것입니다.

· 이연경(18세) ·

서로를 존중할 것입니다. 더 이상 친구들을 경쟁 상대나 적이 아니라, 함께 어려움을 이겨내는 동료로 바라볼 수 있게 될 것입니다. 경쟁이 없으니 스트레스를 받지 않아 학교 가는 즐거움을 느낄 것입니다.

· 김성환(16세) ·

알록달록하고 생기 넘치는 대한민국이 되었을 것입니다.

글의 앞부분에 소개한 '대한민국 입시 경쟁 가담 자가 진단서'의 마지막 질문인 '나는 대한민국 교육에서 어떤 학생인가? 스스로 1~2줄로 평가하시오'에 청소년들은 아래와 같이 답했습니다.

- 입시 교육이 잘못되었다는 것을 알면서도 크게 거부하지 않는 학생이다.
- 대한민국 교육이 싫지만 어쩔 수 없이 하는 학생이다.
- 공부는 잘하는데 말은 안 듣는 몽상가이다.
- 문제 의식이 있지만 적극적인 변화를 요구하지 않는, 입시 경쟁에 익숙해진 학생이다.
- 잘못되었다는 것은 알지만 실제로 행동하지 못하는 겁쟁이다.
- 제도에 순응하는, 그래서 모범적으로 평가되는 학생이다.
- 때로는 경쟁에 휘말리지 않으려고 노력하지만 사실 가끔 경쟁에 동조하는 방관자이다.
- 경쟁에 익숙하고 가끔 그 과정에서 희열도, 상처도 받는 학생이다.
- 교육개혁의 마음만은 충만한 학생이다. 그러나 학교에서는 오히려 그 시스템의 수혜자가 되고 있고, 그래서 도전하는 마음을 잊고 적응하고 있는 패배자다.

- 비판하는 글을 쓰고 잘못된 점을 알지만 한편으로 경쟁에 뛰어드는 모순적인 학생이다.
- 힘없는 학생이지만 꿈꿀 수 있는 청소년이다.

『나는 독일인입니다』 저자 노라 크루크는 "나는 독일인입니다"를 말하기 위해 떠난 여정의 맨 끝에 "만약 전쟁이 벌어지지 않았다면 우리 가족은 어떤 모습이었을까?"를 질문합니다. 만약 전쟁이라는 거대한 폭력이 없었다면 할아버지는 나치 당원으로 활동하지 않았을 것이고, 삼촌은 전쟁터에서 목숨을 잃지 않았을 것입니다. 그랬다면 가족들이 뿔뿔이 흩어져 서로의 안부도 묻지 않은 채 암묵적인 죄책감과 부끄러움에 사로잡혀 자신의 어린 시절 기억을 다 지워버리지 않아도 되었겠지요. 저자 역시 세계 어딜 가서도 독일인이라고 말했을 때 '나치'가 저지른 고통스러운 역사로만 평가당하지 않았을 것입니다.

저자가 처음부터 "전쟁이 벌어지지 않았다면"이라고 말했다면, 그것은 허무맹랑한 가정이었을 수 있습니다. 하지만 자신의 할아버지와 삼촌으로 대변되는 '나치'를 선택했던 사람들과, 그 선택을 애써 외면하고 잊으려 했던 사람들과, 또는 그 반대편에 섰던 사람들과, 폭력의 대상이 되었던 사람들 모두의 생각을 따라간 결과에서 나온 "전쟁이 벌어지지 않았다면"은 정말 간절하고 절실한 바람이라고 생각합니다. 나치당에 가입하기는 했으나 스스로를 '용기와 도덕적 태도가 부족한 사람'이라고 평가했던 할아버지의 기록을 발견하며, 인간의 나약함을 깨닫고 반성했기 때문입니다. 또 그랬던 할아버지가 유대인 아내를 둔 동료를 적극적으로 도왔고, 그 동료에게는 한없이 따뜻했던 사람이라고 증명해주는 사람을 만나고 나니, 인간은 복잡한 존재라 다양한 측면에서 정확히 알 필요가 있다는 사실을 깨달았기 때문입니다. 우리 역시 이 시대가 가진 부정의한 것에 동조자일지도, 누군가의 목숨을 구하는 따뜻한 인간일지도 모릅니다. 그러므로 '나'는 도대체 어떤 존재인지 끊임없이 질문해야 합니다.

우리 또한 마찬가지입니다. 단순히 한국 교육을 비판하면서 시험이 없었다면, 경쟁이 없었다면 바라는 것은 아무 쓸모가 없는 가정일 수 있습니다. 하지만 나는 왜 경쟁 교육을 견디고 있는지, 왜 어떤 사람들은 죽을 만큼 괴롭고 또 어떤 사람들은 괜찮은지, 그리고 우리가 앞으로 어떤 선택을 할 것인지 깊게 파고든다면, "경쟁이 없다면 우리는 어떤 모습일까요?"라는 질문에 더 간절하고 절실한 대답을 찾을 수 있을 것입니다. 여러분은 어떤 대한민국 청소년입니까?

4

가장 아름다운 날들은 아직 오지 않았어요

'사춘기' 하면 무엇이 가장 먼저 떠오르나요? 질풍노도의 시기, 거칠고 정돈되지 않은 시기, 어른의 말에 무조건 반항하고 자신이 하고 싶은 대로 하는 시기. 보통 이런 시기를 사춘기라고 말합니다. 문득 그 뜻이 무엇인지 궁금해졌습니다. 사전을 찾아보니 '생각할 사(思), 봄 춘(春), 기간 기(期)' 자로 이루어진 단어였습니다. 사춘기의 뜻이 멋지다고 생각했습니다. 봄을 생각하는 시기, 혹은 생각하는 봄의 시간. 인생을 사계절로 나눈다면, 10대의 시기는 이제 막 생명이 움트는 봄, 정말 멋지고 정확한 표현이라고 생각했습니다.

그래서 사춘기를 보내고 있는 청소년인 우리는 꿈에 대해서 생각해야 합니다. 꿈이란 진로를 생각한다는 말은 아닙니다. 내가 뭘 좋아하는지, 뭘 싫어하는지, 어떤 것에 분노하는지, 나에게 중요한 가치와 신념은 무엇인지 생각해야겠지요. 그런데 지금의 사춘기는

'죽을 사(死), 봄 춘(春), 기간 기(期)'자로 이루어진 것 같다는 생각이 들었습니다. 봄이 죽은 시기. 딱 지금, 우리의 모습이 아닌가 하는 생각이 들었습니다. 꿈에 대해 생각하지 못하고, 넘치는 생명력으로 언 땅을 뚫고 나올 힘이 없는 무기력한 상태. 지금 교실의 친구들을 보면 정확히 이런 느낌을 받습니다.

봄이 죽은 지금, 우리의 꽃봉오리는 어떻게 해야 꽃을 피울 수 있을까요? 지금 우리를 살아 있지 못하게 하는 것은 무엇일까요? 우리가 다시 봄을 살기 위해서 던져야 할 실문들은 무잇일까요? 이 혹독한 추위를 견뎌내고, 생명의 기운을 되찾기 위해 지금 우리가 해야 할 일은 무엇일까요?

우리의 봄은 아름답다

· 김예린(15세) ·

봄을 생각하는 시기란 의미의 사춘기는 참으로 아름다운 시기입니다. 가장 아름답고 감수성 넘칠 시기이지만, 저를 비롯한 청소년들을 보면 그렇지 않은 것 같습니다. 우리 사회는 어떤 일정한 틀에 학생들을 끼워 맞추는 사회인 것 같습니다. 내가 하고 싶은 것을 제대로 들여다보기 전에 사회가 그것을 거부하고 미리 만들어둔 틀에 맞춰야 한다고 말하니, 생각을 안 해도 되는, 안 해야 하는 상태가 되어버리는 것이지요.

저의 봄은 멜로디와 글로 이루어져 있었습니다. 항상 노래를 듣거나 가끔은 에세이나 시도 읽었습니다. 하지만 학교의 시험 기간이 되거나 다른 일에 신경을 써야 할 일이 많아지면서 저의 사춘기는 시들어 갔습니다. 사실 제 사춘기가 죽게 된 원인은 어른들 때문입니다. 저는 항상 의문이 있었는데요, '어른들은 자신들도 사춘기를 겪어봐서 우리의 마음을 잘 이해할 텐데, 왜 항상 사춘기라고 하면 반항아라는 이미지를 떠올리고 적대시할까?'라는 것이었습니다. 도무지 이해가 가지 않았습니다. 저에게 있어서 어른들은 자신들의 생각만 옳다고 생각하는 딱딱한 사람들입니다.

소개하고 싶은 노래가 하나 있는데요, 래퍼 하온의 〈꽃〉이라는 노래입니다. 가사가 정말 와닿았는데요, '시간이 있다면 내게 좀만 나눠줘 / 국어 수학 영어 따윈 배워봤어도 / 어른이 되는 방법 따윈 Shawty I don't know … 머지않아 이쁜 꽃이 빛낼 거야 이 도실 /

회색 도시 미세먼지 우리를 가릴 수 없지'라는 가사가 있습니다. 어떤 과목들은 배웠어도 정작 진정한 어른이 되는 방법은 알지 못한다는 것이 정말 인상 깊었습니다.

하온은 이 노래를 소개하며 이렇게 말했습니다. "근데 꽃은 피어날 때 자기를 못 보잖아요, 그 예쁜 모습을. 그러니 그냥 피어나라고, 너희는 그냥 아름다우니까 걱정하지 말고 남들이 볼 때는 너희 지금 너무 아름답고 잘하고 있으니까 지금은 이 아름다운 순간을 즐기세요." 이 말이 참 와닿았습니다. 우리의 봄은 우리 그대로 아름다우니까 걱정하지 말라는 말이 위로가 되었습니다. 이 말을 사춘기를 보내고 있는 저를 포함한 청소년들에게 해주고 싶습니다. 나의 꽃 피는 아름다운 봄의 시간을 간직하자고, 그 시기를 충분히 누리고 자신만의 세계를 만들어서 진짜 어른이 되자고 말이지요.

나의 봄이 시끌벅적하길

· 김보민(16세) ·

혹시 '새 학기 증후군'에 대해 들어보셨나요? 새 학기 증후군은 봄이 오면 새로운 학기가 시작되고, 모든 것이 새롭게 시작되는 것에 대한 불안과 공포를 가지는 현상을 뜻합니다. 저 역시 새 학기 증후군을 가지고 있는데요. 새로운 친구들과 선생님을 만날 것을 생각하면 저도 모르게 온몸이 바짝 경직되는 것을 느낍니다. 하지만 제가 어릴 때부터 이랬던 것은 아닙니다. 저는 굉장히 활기찬 성격으로, 새로운 친구를 사귀는 일은 언제나 즐거운 일이었습니다. 방학이 되면 학교에 가기를 손꼽아 기다렸고, 개학하기 전날에는 설렘으로 잠을 이루지 못했답니다. 그런 제가 새로운 학기를 무서워하게 된 것은, 바로 입시전쟁 때문입니다.

봄은 원래 소리로 가득한 계절이라고 합니다. 새 지저귀는 소리, 새싹들이 자라나는 소리, 꽃봉오리가 맺히는 소리. 새 생명들이 시작되는 봄은 활기찹니다. 하지만 죽어버린 우리의 사춘기는 전혀 다른 모습을 하고 있는 것 같습니다. 개학 첫날 문을 열고 들어가면, 교실의 공기에는 긴장감이 묻어나옵니다. 혼자 다니지 않으려면 싫어하는 친구라도 무리를 지어야 하기에 팽팽한 기 싸움이 벌어집니다. 우리 반에 공부를 잘하는 친구는 누가 있는지, 올해의 라이벌은 누구인지 곁눈질을 하며 살핍니다. 바짝 긴장한 청춘들은, 튀지 않으려고 숨을 죽이고 있습니다. 혹여나 '나대는 아이'로 찍힐까 봐, 범생이라고 손가락질 받을까 봐 어느 하나 자신의 개성을 드러내지 못하는 눈치 게임은 점점 고조됩니다.

그렇게 제 사춘기는 숨막히는 기싸움으로 이루어져 있습니다. 사람을 만나는 것이 즐겁고, 함께 무얼 하며 놀까 고민하는, 활기찬 봄은 사라져버렸습니다. 우리의 사춘기는 시끌벅적한 소리로 가득한 것이 아닌, 침묵의 봄으로 전락해버렸습니다. 『침묵의 봄』의 저자 레이첼 카슨은 봄이 조용하면 지구가 멸망하는 것이라고 말했습니다. 인생의 봄도 마찬가지 아닐까요? 사춘기가 생명력을 잃는다면, 사회와 삶 전체가 병드는 것과 마찬가지입니다.

치열한 입시전쟁 속에서 사춘기는 활기를 잃어가고, 그런 사춘기를 거친 어른들은 죄다 무채색 옷만 입습니다. 우리의 사춘기는 조금 더 다채롭고, 발랄할 필요가 있습니다. 입고 싶은 옷을 입고, 세상의 다양한 음악에 귀 기울이며, 내가 좋아하는 책을 읽고, 마음속에 엉뚱하지만 소중한 꿈을 키워나가는 것. 그렇게 우리의 사춘기가 좀 더 시끌벅적해지기를 진심으로 소망합니다.

세상에서 가장 슬픈 세리머니

· 김숲(16세) ·

"…5, 4, 3, 2, 1! 끝났다!"

시험이 끝난 직후, 교실은 시험의 끝을 알리는 카운트다운과 동시에 환호 소리로 가득 찹니다. 뒤이어 아이들이 너덜너덜한 학습지와 문제지를 찢고, 날리고, 던져버리는 화려한 세리머니가 시작되죠. 세리머니를 즐기는 아이들의 얼굴에는 긴장이 풀려 혈색이 돌기 시작합니다. 시간이 좀 지나면 시험 성적에 따라 울고 웃는 분위기로 갈리겠지만, 시험이 끝난 직후에는 결과와 상관없이 친구들은 드디어 시험이 끝났다는 생각에 기뻐하고, 웃습니다. 서로를 부둥켜안고 수고했다고 등을 토닥여줍니다. 단지 시험이 끝났을 뿐인데, 이렇게 행복할 수가 없습니다. 겉으로는 누가 봐도 따뜻해 보이는 순간입니다. 그런데 저는 이 순간이 갑자기 섬뜩하게 느껴졌습니다.

저도 이 세리머니에 동참했던 사람입니다. 다른 친구들과 책을 던지고 환호하다 말고 문득 저는 버려지는 공책과 학습지, 그리고 누구보다 환한 미소를 짓고 있는 아이들의 얼굴을 보며 이런저런 생각이 들었습니다. 이런 세리머니야말로 우리가 공부하는 목적이 단지 시험 점수를 위한 것임을 증명하는 것이 아닌가, 무엇을 위해 우린 공부해왔는가, 하고 말이에요. 오직 시험을 위한 공부는 시험이 끝나면 어떤 가치도 가지지 못한 채 쓰레기통으로 직행하게 됩니다. 그러니 우리가 시험을 치느라 열심히 공부했던 것들은 시험

종료와 함께 모두 잊히는 것입니다.

생각해보니 시험이 끝나기 직전 카운트다운을 세는 것도, 학습지와 공책 등을 찢어버리는 것도, 시험이 다 끝났다며 환호하는 모습도, 왜 이렇게 반복적이어야 할까 의문이 들었습니다. 분명 다른 반, 다른 아이들이었지만, 제가 학교에서 시험을 쳤을 때마다 아이들의 시험에 대한 반응은 똑같았고, 시험 후 이런 세리머니를 하는 것이 마치 전통처럼 느껴지기도 했습니다.

그동안 밤늦게까지 공부하고, 때론 악몽 같기도 했던 모든 날이 시험이 끝남과 동시에 학습지들과 함께 버려졌습니다. 시험 기간 내내 암울하고 장시간 긴장해서 창백한 얼굴들이 안도감에 휩싸여 따뜻한 웃음으로 덮였을 때, 저는 우리가 시험 전후의 변화를 너무나 당연하게 느끼고, 반복한다는 것을 깨닫게 되었습니다. 다음번 시험이 끝나면 저는 또다시 그동안 제가 공부하면서 힘들었던 일들을 또 잊어버리고 그저 시험이 끝났다는 것에 행복할지도 모릅니다. 우린 아마도 또다시 찾아올 시험을 준비하며, 나와 주변의 다른 것들이 찢어져 버려질 때까지 공부할 것입니다. 오직 시험 성적을 위해서 말이지요. 시험이 끝나면 환호 소리에 묻혀 지난날의 고됨은 모두 잊어버릴지도 모릅니다. 시험이 끝나고 나서야 맛볼 수 있는 안도감을 누군가는 공부를 통해 얻는 쾌감이라고 착각할 수도 있겠지요.

우리는 시험이 끝나면 버려지게 될 것들에 한 번뿐인 우리의 아름다운 젊은 시절을 다 쏟아붓습니다. 시간과 마음과 건강까지 다한 사람은 바이러스를 막을 수도 있고, 용기의 전파자가 될 수도 있다.

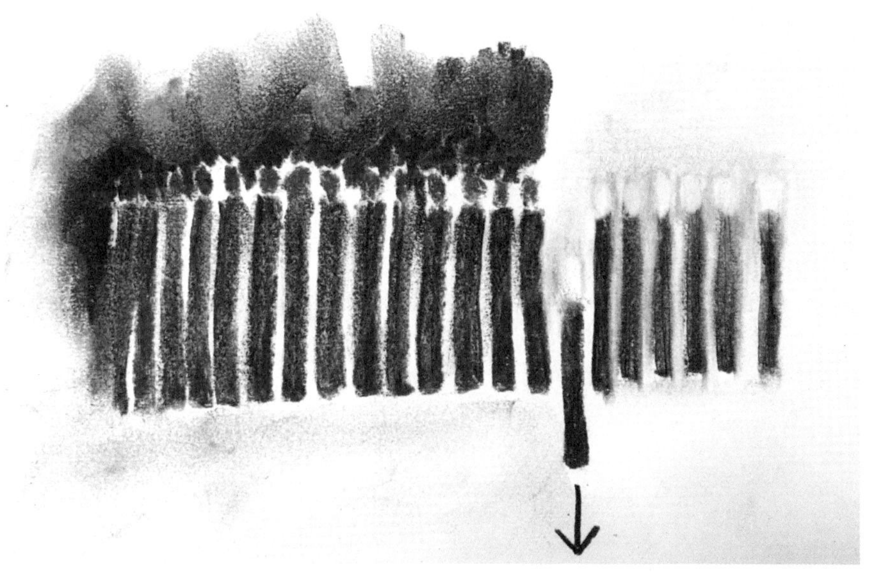

© Miranda Rottmann

투자하고서, 시험이 끝나면 자기 손으로 직접 여태껏 배워왔던 것들을 찢어버리는 것이 얼마나 슬픈 일인지 모릅니다. 죽은 지식과 함께 버려지고 죽어가는 우리의 모습을 이렇게까지나 방관하다니요. 찢어져 버려지는 필기 자료들이 왠지 모르게 저 자신과 닮은 것 같아 마음이 힘들었습니다. 시험 후에 환호 속에서 쓰레기통에 버려지고 잊히는 것은 학습지가 아니라, 저와 제 친구들 같았습니다.

배우는 순간이 아니라 배움이 끝난 순간이 가장 행복하다면, 도대체 우리가 받는 이 교육은 무슨 가치가 있는 것일까요? 시험을 위해 공부하고, 자기 손으로 자기가 공부한 것들을 자신과 함께 찢어버리는 과정을 반복하는 이 교육에서 우리는 도대체 무엇을 얻을 수 있나요?

시험이 끝나 제 친구들과 제가 지른 환호성은, 저에게 세상에서 가장 슬픈 세리머니였습니다.

곁에 사람이 없을 때, 버려졌다고 생각할 때, 믿는 사람이 아무도 없을 때, 사람은 절망에 빠집니다. 제 부족한 시야로나마 세상을 봤을 때 생각보다 버려진 사람들이 많았습니다. 부모에게서, 학교에서, 사회에서, 세상에서 버려진 사람들이 많았습니다. 사람들은 버려지지 않기 위해서 애를 쓰고, 버려진 사람들은 버려진 채로 잊힙니다. 하나의 생명이 쓰레기도 아니고 '버려진다'라는 표현을 쓰면서도 아무런 느낌이 들지 않는 저를 보며 순간 소름이 끼쳤습니다.

제 이야기를 해볼까 합니다. 저는 어릴 때부터 버려지지 않기 위해서 애를 써왔습니다. 이 세상에 믿어서는 안 되는 사람이 많다는 사실을, 생각보다 착하지 않은 사람이 많다는 사실을 받아들이지 않으려 노력했습니다. 그러다 보니 생겨난 하나의 원칙이 있습니다. 어떤 문제가 생기든 남의 탓을 하지 말고 내 탓을 하자고 말이죠. 그게 편했습니다. 사춘기가 되면서 그 마음이 유독 심했습니다. 누군가와 무엇을 함께 할 때 결과가 좋든 나쁘든 꼭 책임은 제가 졌고, 그런 저를 당연하게 생각하는 주위 사람들을 보며 제 행동이 옳은 것이라고 생각했습니다.

그게 저를 죽이고 있다는 사실을 알게 된 건 주위에 진짜 사람들이 생기면서였습니다. 관계 유지를 위해, 버려지지 않기 위해 억지로 관계를 이어왔던 사람들이 아닌, 조금씩 제가 마음을 열어 만난 사람들은 달랐습니다. 별 같은 사람들, 모든 것을 내 탓으로 돌린

저에게 네 탓이 아니라고 말해준 사람들이 생겨나면서 저는 저 자신을 좀 더 아끼면서 살 수 있게 되었습니다. 사람을 만나고, 사람을 사랑하고 아끼는 그 순간이 저를 살리고 있다는 게 신기했습니다. 사람이 싫고, 사람이 피곤하고, 그러면서도 사람을 좋아하는 척했던 저였으니까요.

만약 저와 같이 생각했던 분이 있다면, 그럴수록 소중한 사람들과 이야기를 나누며 살아가야 한다고 말해주고 싶습니다. 의지할 사람이 한 사람이라도 있는 것이, 또는 누군가가 나에게 의지한다는 것이 생각보다 너무나도 큰 의미이고 살아갈 원동력이 된다는 걸 저는 깨달았습니다. 가식뿐이라 생각한 세상에서 진짜 나를 위해주는 사람이 분명 있다는 것을 우리는 믿어야 합니다.

또 한 가지, 제가 힘든 사춘기 시절을 겪으면서 깨달은 것은 슬픔을 부끄러워하지 말자는 것입니다. 박준 시인의 시 중에 「슬픔은 자랑이 될 수 있다」라는 시가 있습니다. 이 시가 무슨 의미인지 정확히는 모르겠지만, 읽는 순간 눈물이 흘렀습니다. 지금 다시 생각해보니 다른 사람들의 아픔에 공감하고 그 아픔을 쉬이 지나치지 못하고 결국 도와주는 마음은 자랑이 될 수 있다는 말인 것 같습니다. 세상은 그런 사람들에 의해서 움직입니다. 그런 사람이 있기 때문에 우리가 살아갈 수 있는 세상이 만들어지는 것이지요.

아프고 힘들더라도, 우리 인생의 봄을 포기하지 않기를 바랍니다. 그냥 땅속에서 조용히 있는 것이 지금 당장은 편하게 느껴질지 모르겠지만, 그러한 삶은 살아 있다고 말하기 어렵습니다. 살고 싶습니다. 여러분도 살아 있기를 바랍니다. 죽어버린 봄이 아닌, 생각하는 봄의 시간을 다시 찾기 위해 이 추운 겨울 잘 버텨내자고 이 땅의 청소년들에게 말하고 싶습니다.

가장 아름다운 바다는 아직 건너지 못했어요.
가장 아름다운 아이는 아직 자라지 않았어요.
가장 아름다운 날들을 우리는 아직 보지 못했어요.
그리고 내가 당신에게 해주고 싶은 가장 아름다운 말은
아직 말하지 못했어요.

– 나짐 히크메트, 「파라예를 위한 저녁 9시에서 10시의 시 : 1945년 9월 24일」

삶을 바꾸는 희망의 책읽기

『다라야의 지하 비밀 도서관』 저자 델핀 미누이

2020. 8. 29.

"전쟁은 역효과를 낳았어요. 사람들을 변하게 하고 감정과 슬픔, 두려움을 죽였어요. 전쟁하고 있을 때, 사람들은 세상을 다르게 바라봅니다. 독서는 이러한 기분 대신 살아갈 힘을 줍니다. 우리가 책을 읽는 것은 무엇보다 인간성을 유지하려는 것이에요."

– 델핀 미누이, 『다라야의 지하 비밀 도서관』, 더숲, 73쪽

프랑스 3대 일간지 《르 피가로》의 아랍 지역 전문 기자인 델핀 미누이는 21세기 최악의 참사라 불리는 시리아 전쟁 한복판인 도시 '다라야'에서 도서관을 세우고 책을 손에서 놓지 않은 청년들을 발견하고 이들을 취재했습니다. 생사를 오가는 현장에서도 책읽기를 이어가며 인간성을 지키고자 했던 다라야 청년들의 이야기는 오늘날 코로나19로 힘든 시간을 보내고 있는 우리에게도 큰 메시지를 줍니다. 힘들수록, 어려울수록, 길이 보이지 않을수록 삶의 본질적인 가치가 중요하다는 것을 일깨워주는데요.

아랍권의 분쟁 지역을 취재하는 델핀 미누이는 절망의 상황에서

도 인간다운 삶을 포기하지 않고자 하는 사람들의 이야기를 통해 우리가 만들어야 할 희망이 무엇인지 생각하게 된다고 말합니다. 코로나 시대를 살아가는 우리에게 필요한 가치는 무엇입니까? 델핀 미누이와 인터뷰를 통해 인간다운 삶을 향한 희망의 책읽기의 가능성을 찾아가 봅니다.

책읽기, 삶으로의 혁명

델핀 미누이: 제가 책과 영화를 통해 소개한 시리아 다라야의 청년들은 전 세계에서 가장 소외되었고, 제약된 자유 속에서 속박된 삶을 살았습니다. 전쟁이라는 아주 특수한 상황이라 그들의 삶을 이해하기 어려웠지만, 코로나를 겪으면서 그들의 처지를 좀 더 이해하게 되지 않았나 생각합니다. 오늘날 우리가 전례 없는 바이러스 때문에 제한된 공간 속에서 자유를 제약 받고 살아가듯이, 그들은 정치적 바이러스 때문에 자유롭지 못합니다. 시리아 청년들은 오랫동안 독재와 전쟁을 해왔습니다. 이는 오로지 하나의

델핀 미누이

생각만 옳다는 잘못된 이념이라는 바이러스이며, 현재까지도 시리아를 지배하고 있는 바샤르 알 아사드는 세계 최악의 독재자로 손꼽힙니다.

이 정권에서는 혁명은 물론 시위조차도 허용하지 않습니다. 시리아의 많은 젊은이는 거리로 나와 정의와 민주주의를 외쳤습니다. 하지만 시리아 정부는 군대를 비롯한 모든 수단을 동원해서 시민들을 제압했고, 이들의 운동을 가로막았습니다. 정부는 이들을 향해 화학폭탄을 투하했습니다. 그리고 도시를 봉쇄하고 시민들을 굶주림에 허덕이게 만들어서 민주주의를 향한 운동을 모두 포기시키려 했습니다. 그렇게 봉쇄된 도시가 다라야입니다. 외부와 모든 접촉이 금지된 포위 상태에 있던 젊은이들은 비참한 폭력에 시달렸습니다. 『다라야의 지하 비밀 도서관』은 바로 그런 청년들의 이야기였고, 이 이야기 자체가 우리에게 시사하는 바가 크다고 생각합니다. 그 청년들 중에서는 자신의 형제, 가족, 이웃 등이 자신의 눈앞에서 죽음을 맞이하는 것을 목격한 이들도 있습니다. 그럼에도 불구하고 이 청년 중 누구도 폭력으로, 무기를 가지고 그들에게 대항하지 않았습니다. 이들은 문화와 정신을 가지고, 생각하는 것으로 그들에게 저항했습니다.

제가 다라야의 청년들에게 배운 것 중 두 가지를 여러분께 말씀드리고 싶습니다. 첫 번째는 절대 포기하지 말라는 것입니다. 죽음과 좌절이 눈앞에 있다 하더라도 한 줄기 빛을 발견할 수 있을 것입니다. 다라야 청년들은 4년 넘는 시간 동안 폭압적인 봉쇄 상태에

놓였습니다. 당연히 세계와 소통할 수 있는 길은 모두 차단당했습니다. 그런 절망적인 상황에서 그들은 작은 카메라를 통해서 혁명을 시작한 것입니다. 종종 도시에는 전력이 완전 차단되는 경우도 있었는데요. 이에 청년들은 플라스틱을 녹여 전기를 만들기도 했습니다. 짧은 시간이지만 작은 에너지를 가지고도 세상과 접속하고자 애를 썼습니다. 왜냐면 그들을 제외하고 그 누구도 진실을 알지 못했기 때문입니다. 서방 세계의 기자와 언론은 아사드 정권이 내세우는 슬로건에 가려서 진실을 알지 못했습니다. 그래서 시리아의 청년들은 자신의 목소리를 내기 위해 스스로 방법을 모색하고 배워 영화를 촬영하고, 글을 쓰고, 그걸 세계로 전송했습니다. 트위터 ·

〈다라야의 지하 비밀 도서관〉
영화 포스터

유튜브 · 페이스북을 통해서 세상에 진실을 알리고자 하는 모든 노력을 멈추지 않았습니다. 그래서 결국 수천 킬로미터 떨어져 있는 사람들에게까지도 자신들의 이야기를 전달했습니다. 그 과정에서 제가 한 일은 청년들이 보내온 이야기들의 퍼즐을 맞추어서 사람들에게 공유하고, 실제 시리아와 다라야에서 일어나고 있는 일이 어떤 것인지 세상 사람들에게 알리는 것이었습니다.

청년들이 찍은 다큐멘터리 영상은 아주 소중한 자료입니다. 다라야의 역사가 그대로 담겨 있습니다. 훗날 역사학사들이 대학이든 학교든 교과서든 이들이 찍은 영상을 반드시 활용하게 되리라 생각합니다. 아사드 정권은 언론과 미디어를 통한 전쟁도 함께 벌이고 있습니다. 그래서 이 청년들을 이슬람 테러리스트로 규정하고 그들을 폭압하는 것을 정당화합니다. 하지만 그들이 찍은 비디오를 보면 절대 이들이 그런 사람이 아니라는 사실을 알 수 있습니다. 이것이 진실이고, 따라서 진실이 밝혀지는 과정에서 이런 영상은 아주 중요한 증거가 될 것이라고 생각합니다.

제가 청년들에게 배운 두 번째 교훈은 바로 창의력과 책의 힘입니다. 저는 그들과 2015년에 처음 연락했습니다. 이후 그들 중 몇몇은 터키로 넘어오기도 했습니다. 다라야의 청년들과 문자 메시지를 통해서 연락을 취할 때마다 늘 새로운 아이디어들로 가득 찼습니다. 무너지고 붕괴된 도시였지만 이들은 꿈꾸는 것을 멈추지 않았습니다. 어떻게 새로운 도시를 만들 것인가를 고민했고 토론했습니다. 완전히 붕괴된 벽에 놀라운 변화를 그리는 실천도 했고요. 때로는 너무나 배가 고파 길에 떨어진 나뭇잎을 주워서 수프를 만들어 서로 나눠 먹기도 했습니다. 그런데 그런 음식을 먹을 때에도 유머와 농담이 가득했습니다. "예전에 엄마가 해줬던 음식에 이런 게 있었는데 말야…", "지난번에 아내가 나에게 해준 음식은 이런 거였어"라고 대화를 주고받으며 서로의 기억을 공유하기도 했습니다. 이들은 도시가 어차피 무너졌으니 그곳에 축구장을 짓자는 아이디어를 내기도 했습니다. 세상을 향한 풍자의 메시지를 담은 신문을 만들기도 했죠. 청년들은 유머와 농담을 잃지 않았고, 이 방법을 통해 폭력에 저항했습니다. 서로 농담을 던지는 과정들을 통해서 절망을 극복한 것입니다. 이렇게 일상에서 발현되는 상상력, 창의력이라고 하는 것이 그들의 삶에 어떻게 생기를 불어넣었는가를 여러분께 꼭 말씀드리고 싶습니다.

책이 갖고 있는 힘에 대해 추가로 더 말씀드리고 싶습니다. 온전한 건물이 없고, 길거리에 돌아다니는 사람을 볼 수 없을 정도로 도시는 붕괴되었습니다. 살아남은 사람들은 지하로, 벙커로 들어가서 생활해야만 했죠. 그래야만 폭탄을 피할 수 있었습니다. 그런 순간에 이 청년들이 책을 주워 도서관을 만들자는 아이디어를 낸 것입니다. 그들은 1만 5천 권에 달하는 많은 양의 책을 구해 와서 지하에 도서관을 만들었습니다. 거기에는 철학, 종교, 소설, 에세이, 사회과학 등의 다양한 서적이 있었지요. 그 속에는 새롭고 다양한 가치와 아이디어, 생각이 함께 있었습니다. 한 가지 재미있는 사실은 이 청년 활동가들이 원래는 책을 읽는 것을 싫어했고 실제로 책을 별로 읽지 않았다는 것입니다. 왜냐하면 그들에게 책을 읽는다고 하는 것은 어떤 이데올로기의 상징, 그러니까 강요된 프로파간다를 주입받는 경험이었기 때문입니다. 독재 정권은 교육을 통해 이들을 세뇌하려 했죠.

그런데 아이러니하게도 전쟁이 일어나자 청년들은 도서관을 만들었습니다. 그리고 한 명, 두 명씩 책을 읽고 마음을 열고 이야기하기 시작했습니다. 책을 통해 자기 자신을 열기 시작하면서부터 새로운 세계가 시작되었습니다. 종교적인 것과 세속적인 것 사이에서 비판적인 대화를 진행하면서 서로에 대한 이해의 폭이 넓어졌습니다. 다라야 지하 비밀 도서관은 그들에게 배움을 나누는 하나의 대학이 되었습니다. 청년들은 새로운 미래를 상상했고, 단지 생존이 아니라 자기 삶에서 다른 무언가를 생각하기 시작했습니다. 나중에는 최전선에서 총을 들고 싸웠던 전사들마저도 책을 읽기 시작했습니다. 그중에 오마르라고 하는 한 친구는 싸움의 최전선에서 전투하는 와중에도 그곳에 작은 도서관을 만들었습니다. 또 읽을 수 있는 책이 한정되어 있어 더 구할 수 없게 되자 친구의 도움을 받아 인터넷 접속을 해서 PDF로 된 책을 다운받아 보기도 했습니다. 이런 식으로 그들은 매일매일 책을 통해서 세계에 대해 눈을 뜨고 스스로를 조금씩 바꿔나갔습니다.

다라야도 결국 아사드 정권이 장악하면서 유령도시로 변해버렸습니다. 많은 사람이 다라야에서 강제로 이주당했고, 또 탈출을 감행했습니다. 그래서 이들은 터키, 요르단, 레바논 등지로 떠나야만 했습니다. 정권은 도시뿐만 아니라 도서관마저도 장악해버렸습니다. 그것도 모자라 남아 있는 책들마저도 싼값에 다시 팔았습니다. 다라야 청년들이 가졌던 문화와 책의 힘까지도 완전히 짓밟은 것입니다. 그런데 놀랍게도 한 청년이 다마스쿠스의 벼룩시장에 갔다 다라야에서 빼앗긴 책을 발견하게 된 겁니다. 책에는 모두 기증자와 소유자의 이름을 적어두었는데, 그 이름을 발견하게 된 것이지요. 그래서 벼룩시장에서 발견한 그는 책들을 모두 집으로 사 와서 SNS를 통해 다시 그 책 주인을 찾고 돌려주는 일을 하게 되었습니다. 그중에 일부는 이미 죽기도 했고 몇몇은 아주 가혹한 감옥에 갇혀있기도 했습니다. 요르단, 레바논, 터키 등지의 책 주인을 다 찾아서 '내가 당신 책을 가지고 있어요. 이 책을 당신에게 보내드리겠습니다'라는 연락을 했습니다. 결국 책은 원래의 주인을 찾아가게 되었는데요. 말하자면 책이 전 세계를 여행하고 주인에게 간, 아주 흥미롭고 아름다운 이야기입니다.

이 이야기는 공감에 대한 이야기이기도 하고 지속가능한 희망에 대한 이야기이기도 합니다. 또 그 속에는 도시에 남아 있는 뭔가를 지키고 보호하고자 하는 시민적인 본성이 담겨 있습니다. 그리고 그것을 원래의 주인에게 돌려주고자 하는 인간의 기본적인 사회적 욕구도 담겨 있습니다. 청년들은 이로써 "우리는 도둑이 아니다. 우리가 원했던 것은 재건이다"라는 메시지를 확실히 전한 것입니다. 그들은 늘 새로운 책, 새로운 아이디어에 대한 갈망이 있는 사람들입니다. 한 청년 아흐마드에 대한 이야기를 마지막으로 들려드리고

자 합니다. 아흐마드가 저에게 늘 그런 이야기를 했습니다. "델핀, 그들은 도시를 완전히 무너뜨리고 붕괴시킬 수 있지만 우리의 생각까지는 붕괴시킬 수 없어. 생각이라는 것은 어떤 공간도 필요로 하지 않지. 그래서 우리가 생각을, 아이디어를 지킬 수 있는 한 우리에게는 희망이 있다고 생각해."

들리지 않는 목소리에 귀 기울이기

질문: 지금 우리 세계는 굉장히 고립되어 있고 또 단절되어 있습니다. 여전히 전쟁도 일어나고 있는 곳이고요. 선생님께서는 잔혹한 전쟁이 일어나는 곳의 최전선에서 기사를 쓰고 계십니다. 선생님께서 계속 기사를 쓰시는 이유가 무엇인지, 어려움 속에서도 선생님을 버티고 나아가게 하는 힘이 무엇인지 질문드리고 싶습니다.

델핀 미누이: 저는 인류에 대한 믿음을 갖고 있습니다. 저는 세계의 진실과 인간에 대한 믿음을 끝까지 지키고자 합니다. 저는 20년 넘게 중동을 비롯한 많은 곳을 직접 다니면서 취재했습니다. 23세에 프랑스를 떠나 이란으로 갔고, 그곳에서부터 이라크, 아프가니스탄, 이집트, 레바논 등을 거쳤습니다. 아랍의 봄이라고 하는 혁명이 일어났던 시기에 튀니지에 있었어요. 이라크를 통해 카다피가 마지막으로 체포되고 몰락하는 당시에는 리비아에 있기도 했죠.

넬씬 미누이 인터뷰 모습 © 인디고 서원

지금은 터키에서 시리아와 터키 지역의 뉴스와 이야기를 사람들에게 전달합니다. 저는 언제나 현장에 연결되고자 하는 노력을 해오고 있습니다. 그러면서 가장 많이 활용하는 것이 SNS입니다. 언제 어디에서도, 어떤 이야기에도 접근할 수 있는 시대가 되었습니다. 하지만 그럼에도 불구하고 여전히 검열은 존재합니다. 한국 가까이에 있는 북한만 하더라도 한 예시가 될 수 있습니다. SNS는 우리로 하여금 이야기를 직접 들을 수 있게, 가까이 갈 수 있게 도와주는 것은 사실이지만, 그 자체로는 세상을 절대로 구할 수 없습니다. 오늘날 SNS는 어지럽고 수많은 정치적 이해관계를 담은 목소리에 의해 오염되기도 했습니다.

거대한 미디어 회사를 러시아나 이란 정부가 점령하면서 진실마

저도 접근할 수 없게 되었습니다. 진실에 접근할 수 없으니, 새로운 거짓이 양산됩니다. 그럼 이런 시대에 우리는 진실을 어떻게 알 수 있을까요? 진실에 어떻게 가닿을 수 있을까요? 이를 위해서 우리가 할 수 있는 가장 중요한 노력은 다양한 이야기를 직접 듣는 것입니다. 기자로서, 리포터로서 제가 하는 일은 현장에 가장 가까이 가는 것입니다. 여러분이 직접 가지 못하는 곳에 가서 위험과 폭력에 노출되더라도 그곳의 이야기를 들어야만 합니다. 예를 들어 아프가니스탄에 가면 저는 여성들이 쓰는 부르카를 씁니다. 그러면 그곳의 생생한 이야기를 들을 수 있지요. 다양한 가치를 가진 사람들을 접하기 때문에 저는 제가 받아들이지 못하는 다양한 가치와 이야기들을 듣기도 합니다. 그때 일종의 극단주의자들이 왜 무기를 들 수밖에 없었는지에 대한 이야기를 듣고 그 입장을 이해해보는 것이지요. 저는 웬만하면 제 개인적인 판단을 유보하고 최대한 그들의 이야기를 많이 듣고 세상에 전달하고자 합니다. 저는 일종의 중계자로서 이야기를 중간에 잇는 가교역할을 합니다. 궁극적으로 저는 목소리 내지 못하는 이들의 목소리를 세상에 알리고자 합니다. 이런 저의 경험들이 저를 앞으로 계속 나아가게 합니다.

가족의 확장, 새로운 연대의 가능성

질문: 영화에서 세 친구의 우정이 매우 인상 깊은데요. 지금 지하

드, 아흐마드, 샤디가 어떻게 살고 있는지 궁금합니다.

델핀 미누이: 아주 아름다운 질문입니다. 한 분씩 이야기를 드리자면 지하드는 지금 터키에 있습니다. 영화에서 보셨다시피 누라와 결혼을 해서 시리아와 관련된 NGO에서 일을 하고 있고요. '하얀 헬멧'과 같은 조직을 보조하는 역할을 맡아서 일하고 있습니다. 아흐마드는 유럽으로 이주를 준비 중입니다. 샤디는 터키를 떠나 프랑스로 망명 신청했고 난민으로 인정받아서 와인으로 유명한 보르도라는 지방에 거주하고 있습니다. 프랑스의 아주 아름다운 가족이 샤디를 환대해서 거기 살면서 프랑스어도 배우고 전문적으로 촬영하는 사람이 되려고 대학에서 강의를 듣고 있다고 합니다. 이들의 이야기를 통해 전해 드리고 싶은 것은 늘 가족이 확장된다는 것입니다. 시련 속이지만, 이들은 확장된 새로운 가족을 갖게 되고 변화를 만들어갑니다. 저는 그들과 늘 연락을 주고받고 있는데요. 연락할 때마다 새로운 친구들을 소개받고 있습니다. 저는 그게 아주 뜻깊은 것이라 생각합니다.

샤디의 흥미로운 이야기를 여러분께 꼭 들려드리고 싶습니다. 샤디가 프랑스로 몇 달 전에 와서 난민 망명 신청을 하면서 벌어졌던 이야기입니다. 프랑스 정부의 이민국은 아주 강경하고 통과하기가 몹시 어렵습니다. 가족에 대해서, 전쟁에 대해서, 본인은 어떤 피해를 보았는지 등 수많은 질문을 하고, 증명서도 제출해야 하고, 증명서를 제출하는 과정에서 거절당하기도 합니다. 대부분의 경우 두

세 시간이 넘는 아주 강도 높은 인터뷰를 통해서 면접이 이루어집니다. 샤디도 바짝 긴장을 하고 이민국에 갔다고 해요. 한 여성이 차가운 얼굴로 "잠깐 앉으세요" 하고 질문을 시작했는데, 시리아와 전쟁 등에 대해 많은 이야기를 하다 갑자기 여성이 "그래서 아흐마드와 지하드는 잘 있나요?"라는 질문을 던진 것입니다. 이 여성이 저의 책을 읽었고, 프랑스 TV에서 나오는 다큐멘터리를 보고 샤디의 정체를 알고 있었던 것이지요. 그래서 10분 안에 면접이 다 끝났다고 합니다. 서류가 통과되는 모든 과정은 1~2년 이상 걸리는데, 그 모든 게 빠르게 통과되었습니다.

평범한 영웅에 대한 믿음

질문: 다라야 청년들의 새로운 친구가 되고자 하는 대한민국 청소년들을 위한 메시지를 마지막으로 부탁드립니다.

델핀 미누이: 제가 젊은 이상가들에게 드리고 싶은 메시지는 믿음에 대한 것입니다. 기자로서, 또 작가로서 제가 배운 것은 사람에 대한 믿음입니다. 위대한 영웅은 신문이나 잡지 등의 표지에 실리는 사람, 힘 있고 권세 높은 정치인이 아니라 여러분입니다. 무명의 여러분, 결코 들리지 않는다 해도 세상에 목소리를 내는 여러분이 바로 위대한 영웅입니다. 여리고 작은 목소리라 하더라도 그 이야기를

세상에 알리고 그 목소리가 가지고 있는 힘을 잊지 말기 바랍니다.

또한 여러분 내면의 목소리에 귀를 기울이십시오. 영화에 나오는 시리아의 친구들은 희망도 없고, 친구도 없고, 나라도 잃어버렸고 심지어 UN마저도 그들에게서 등을 돌렸습니다. 그들은 먹을 음식도, 읽을 책도 없는 상황에 있었습니다. 그럼에도 불구하고 그들은 스스로를 믿었고 자신 안의 작고 여린 목소리에 귀를 기울였습니다. 그러면서 새로운 생각이 생겼고, 그 생각은 세상 그 어떤 것보다 강력한 힘을 가졌습니다. 여러분 내면의 목소리에 귀를 기울이십시오. 그것이 저의 마지막 메시지입니다. 고맙습니다.

학교 가는 길, 새로운 길

〈학교 가는 길〉 감독 시그리드 클라우스만

2021. 1. 10.

"모두 다른 이야기이지만, 학교에 가는 길이라는 공통점을 통해 우리는 공감할 수 있습니다. 아이들은 자신의 삶과 세계에 대해 고민하고, 걱정하며, 동시에 기대와 희망을 갖고 있습니다. 아이들은 더 나은 세상을 꿈꾸고 있고, 행복한 삶을 갈망합니다. 아이들의 눈을 통해 우리는 세상을 보며, 또한 그들의 목소리를 통해 새로운 세상을 기대할 수 있습니다."
–시그리드 클라우스만

아주 멋진 다큐멘터리 프로젝트가 있습니다. 우리나라에서는 EBS국제다큐영화제(EIDF)를 통해 〈학교 가는 길〉이라고 소개되었고, 원제는 '199명의 작은 영웅들(199 Little Heroes)'이라는 영화인데요. 독일의 시그리드 클라우스만(Sigrid Klausmann) 감독이 2014년부터 자신의 남편이 낸 아이디어로 시작한 이 프로젝트는 전 세계 9세부터 12세까지 아이들의 학교 가는 길을 담았는데, 아이들의 삶에서 가장 중요한 집과 학교라는 두 장소가 주는 의미를 그들의 목소리로 직접 담아냅니다. 아이들은 아침에 일어나 학교 갈 준비를 하며 평소 어떤 생각을 하고 최근의 가장 큰 고민이 무엇인지, 또 학교 가는 길에 보고 듣는 것은 무엇인지, 어떤 미래를 꿈꾸는지를 꾸밈없이 말합니다.

시그리드 클라우스만

학교의 형태가 어떠하든, 어느 곳에 있든 교육은 세상을 더 나은 곳으로 바꾸는 작은 영웅들이 자라나는 과정입니다. 교육의 본질을 잊지 않고 그 목표를 향해 나아가는 것이 코로나19 시대에 필요한 교육 현장에서의 대응이라고 생각합니다. 지금 우리 교육에서 가장 시급하게 고민해야 할 것은 무엇입니까? 우리 교육의 목표는 무엇입니까? 그 목표를 통해 우리는 이 위기를 잘 극복해갈 수 있을까요? 이런 질문들이 우리의 삶을 더욱 건강하고 풍성하게, 행복하고 즐겁게 만들어줄 것입니다.

코로나19 시대, 학교 가는 길의 의미

시그리드: 한국의 청소년 여러분과 만나게 되어 정말 기쁩니다. 〈학교 가는 길〉 프로젝트를 하며 전 세계 많은 학생을 만나왔는데, 한국의 학생을 만난 것은 이번이 처음입니다. 특히 오늘이 제 생일이기도 하여 더욱 뜻깊습니다.

〈학교 가는 길〉에 소개된 아이들의 학교 가는 길은 정말 다양한데, 그만큼 아이들의 생각과 꿈도 다 다릅니다. 인도에서 미국에 이민을 온 '사이'는 뉴욕의 화려한 불빛과 대조되는 가난한 사람들의 삶을 목격하면서, 왜 사회에서 이런 불평등이 일어나는지 궁금하다고 말합니다. 그래서 정말 작은 부분을 차지하면서도 우리 몸 전체를 통제하는 뇌에 대해 더 공부해서 사회에 대해서도 이해해보고 싶고, 나아가 뇌 수술을 받지 못하는 지역에 가서 활동하는 의사가 되고 싶다고 얘기하지요.

또 페루에 사는 '발레리아'는 공립학교와 사립학교의 차이에 대해 분노하며, 국가에서 가장 중요한 것은 교육이고, 교육이 사회적 격차를 부추겨서는 안 된다고 말합니다. 교육이 중요하다고 생각하는 이유는 새로운 세상을 상상하고 만들어가는 법을 배우는 것이기 때문이라고 말하며, "장미 하나에 찔렸다고 모든 장미를 싫어하거나 꿈 하나가 좌절되었다고 모든 꿈을 포기하는 것은 어리석다"라는 말을 늘 가슴에 품고 산다고 말합니다.

뉴질랜드에 사는 '티 라우'는 아름다운 자연을 훼손하는 현대인의 삶에 대해 진지하게 고민합니다. "사람들은 생각할 필요가 있어요. 만약 우리가 지금처럼 어머니 땅과 아버지 하늘을 계속 해치면 온 세상 공기가 나빠져서 살아 있는 것이 다 죽을 것이라는 사실을 말이지요"라며, 교육은 이 세상에 아직 보지 못했던 것들을 보게 하고 새롭게 생각하는 힘을 주는, 그래서 너무나 즐거운 것이라고 말합니다.

아이들의 꿈은 다양했지만, 자기 삶에서 가장 소중한 가치를 지켜내고 실천하는 힘을 기르는 곳, 사회와 세계에 갖고 있는 질문의 답을 찾아가는 곳, 사랑과 우정을 나누고 행복한 시간을 만드는 곳이 바로 학교임을 아이들의 목소리를 통해서 알 수 있는데요. 코로나19라는 거대한 위기의 시대, 아이들에게서 빼앗을 수 없는 학교 가는 길의 의미를 생각합니다. 그러니 대전환의 시대를 맞아, 학교 가는 길 역시 새롭게 변주되고 변혁되어 지켜져야 할 것입니다.

코로나19로 많은 학생이 학교에 가지 못했습니다. 그런데 저는 코로나19라는 거대한 전염병의 여부와 상관 없이, 진정한 의미의 교육은 학교에 가느냐에 달려 있다고 생각하지 않습니다. 물론 학교에 가는 것의 의미는 전 세계 모든 곳의 아이들에게 대단히 중요합니다. 코로나19는 진정한 교육이 무엇인지 생각할 기회를 줍니다. 무엇이 교육의 정신이고, 진심에서 우러나오는 교육이란 무엇인지 말이지요. 코로나19는 우리가 이제까지 무엇을 잊고 있었는지 발견하게 합니다. 우리는 아이들에게 시간을 주지 않았다는 사실을, 마음과 영혼의 교육을 하지 않았다는 사실을 말이지요.

집은 이상적으로 말하자면 시간을 허락하고 사랑과 따뜻한 포옹이 존재하는 곳입니다. 역설적이지만 동시에 지루한 시간을 보내야 하는 공간이기도 합니다. 사랑하는 가족과 함께 세상을 탐험할 준비를 하는 그런 곳이기도 합니다. 학교에 간다는 것은 새로운 세계에 가는 일이기도 하지만, 동시에 또 다른 안전한 공간을 갖는다는 것입니다. 그러므로 교육이란 아이들에게 안전한 공간을 확장해가는 일이고, 새로운 세계로 나아가는 일이어야 합니다.

어린이가 겪는 슬픔보다 더한 슬픔은 없다

질문: 스웨덴의 동화 작가 아스트리드 린드그렌은 1957년 자신의 일기에 "어린이가 겪는 슬픔보다 더한 슬픔은 없다"라고 썼습니다. 어린이는 이 세계를 비추는 거울이고, 아주 순수해서, 그 아이가 겪는 슬픔, 기쁨, 행복, 고통 모두 가장 중요한 것일 텐데요. 선생님의 작업이 9~12세 어린이를 대상으로 한 프로젝트인 것도 중요한 의미가 있을 것 같습니다.

시그리드: 저 역시 아이들을 키울 때 린드그렌 책을 굉장히 많이 읽혔고, 함께 공부했습니다. 저와 제 남편 둘 다 대가족에서 자랐는데요. 남편은 7남매, 저는 6남매였습니다. 형제, 자매도 많다 보니 조카들도 많아서 아이들과 함께 지내는 시간이 많았습니다. 또 저는 체육 교사였고, 이후에는 무용 교사로 활동했기 때문에 아이들에 대한 관심이 점점 더 커졌고요. 저는 아이들이 어떤 생각을 하는지, 어떤 비전을 갖고, 어떤 고민을 하는지 항상 궁금합니다. 아이들에게서 배우는 것을 정말 큰 기쁨으로 여기기 때문에, 아이들의 생각들이 제게는 보물과도 같습니다.

사실 아이들은 사회적으로 힘이 없고 약한 존재들이기 쉽죠. 그

〈학교 가는 길〉의 한 장면

러기 때문에 제가 〈학교 가는 길〉 프로젝트를 할 때 제가 맡고자 했던 역할은 아이들에게 힘을 실어주는 것 그뿐이었습니다. 아이들에게 힘을 주고 희망을 선물해야 한다고 생각했습니다.

코로나19 이후 전 세계 학교가 정상화되기는 쉽지 않을 겁니다. 어떤 아이는 학교에 갈 수 있을 것이고, 또 학교에 갈 수 없는 아이들도 많이 있겠죠. 교육의 중요함을 많은 세상 사람들에게 알리기 위해 노력해야 할 것입니다. 그 방법의 일환으로 영화 〈학교 가는 길〉을 더 많은 사람이 볼 수 있는 기회가 있으면 좋겠습니다.

모든 아이에게 가장 최선의 교육 기회를 주어야 합니다. 더 나은 세상을 만들기 위해서 필요한 교육이 무엇인지 정해져 있지 않습니다. 특별히 코로나 시대 이후로 어떤 곳은 컴퓨터를 통해서 온라인 강의를 하지만 컴퓨터조차 없는 나라의 아이들도 있겠죠. 또 경제적인 소득의 격차에 따라서 교육의 기회를 박탈당하는 아이들도 있을 겁니다. 그러니 아이들과 대화하고 아이들의 목소리를 들어주세요. 또 세상의 아름다움을, 스스로가 아름다움 그 자체라는 사실을 아이들에게 보여주십시오.

그리고 우리가 원하는 세상이 무엇인지 고민하면 좋겠습니다. 아이들을 경쟁 구도 속에 밀어 넣어서 빨리 어떻게든 세금을 내는 사회 구성원으로 만드는 그런 과정이 아니라, 행복을 추구할 수 있는 인간으로 길러내는 과정이 교육이어야 합니다. 지금 많은 나라의 교육 제도는 어떤 의미에서 개인의 내면에 있는 가능성을 키우기보다는 어떻게든 빨리 아이들을 성장시켜서 사회 구성원이 되도록, 더 솔직한 표현으로는 경제인이 되게 만드는 방식입니다. 저는 코로나19 이후 그런 교육은 과감히 그만두어야 한다고 생각합니다.

아이들의 목소리에 귀 기울이기

질문: 영화에서 선생님의 질문은 나오지 않습니다. 아이들의 답변은 자연스럽게 하나의 이야기로 이어지는데, 참 진솔하게 답을 한다고 느꼈습니다. 또 아이들의 답변을 보면 '나'에서 출발해 점점 세계로 나아가는 것이 느껴지는데요. 선생님께서 인터뷰할 때 아이들에게 했던 질문이 궁금합니다.

시그리드: 영화 속에 나오는 질문들은 저와 프로젝트 팀원들이 함께 만듭니다. 아이들에게 물어보는 것은 이름, 가족 관계와 같은 기본적인 것에서부터, 사회에 대해서 어떻게 생각하는지, 꿈이나 소망이 무엇인지, 어떤 세상을 원하고, 가장 두려운 것은 무엇인지 등을 보통 질문합니다. 저는 제가 드러나지 않는 방식으로 프로젝트를 진행하고 싶었습니다. 최대한 많은 시간을 아이들의 목소리에 할애하고 싶었기 때문입니다. 대개 한 명의 아이에게 3일 정도 시간을 써서 촬영하는데요. 한 명당 5~8분 정도의 영상을 제작하니, 촬영에 굉장히 긴 시간이 필요하다는 것을 아실 수 있을 것입니다. 아이들과 친해지기 위한 시간도 필요하고, 충분한 시간을 보냈을 때 아이들이 마음을 열고 대화를 하기 시작하기 때문에 그렇습니다. 교육을 잘 받은, 학교에 가는 것이 어렵지 않은 학생들은 정확한 언어로 자신의 생각과 말을 잘 표현하지만, 교육을 못 받았거나 혜택을 받지 못한 아이들의 경우에는 자신의 마음과 생각을 표현하는데 훨씬 더 많은 시간이 걸리고 어려움을 겪는 경우도 많습니다. 그래서 너에게 두려운 것이 무엇인지 직접적으로 묻기보다, 두려움이라는 감정을 느껴본 적이 있는지 질문을 해서 아이들에게 생각을 조심스럽게 물어보는 방식을 택했습니다.

아이들에게 권력을 갖게 되면 무엇을 하고 싶은지 묻곤 했는데, 아이들이 상상의 나래를 펼쳐 본인의 꿈을 말하게 하기 위해서였습니다. 네팔에서 만난 어떤 아이는 이 질문을 잘 이해하지 못해서 "네가 왕이 된다면 어떻게 하겠니?"라고 묻기도 했지요. 그랬더니

"제가 왕이 된다면 세상을 완전히 바꿔버릴 거예요. 저는 친구들과 함께 행복하게 공부하고 살 수 있는 나라를 만들 거예요"라는 멋진 답변을 들려주었습니다. 조금 걸리더라도 충분히 시간을 주면, 모든 아이들이 멈추지 않고 자신의 생각을 완전히 연 상태에서 우리에게 들려주는 그런 아름다운 경험들을 아주 많이 했습니다. 아이들에게는 시간이 꼭 필요합니다.

아이들에게 삶의 여유를 누릴 시간을 주십시오

질문: 한국 사회에서 교육은 가장 큰 문제점 중 하나입니다. 지나친 경쟁과 입시 위주의 교육 때문이지요. 실제로 한국 청소년의 사망 원인 1위는 10년 넘게 '자살'이고, 그중 절반 이상이 학업 스트레스 때문입니다. 이런 현실에서 한국의 학교 가는 길은 마냥 행복하지 않습니다. 교육에 고민이 많은 한국의 학부모들께 꼭 간직해야 할 학교 가는 길의 의미를 선생님께서 격려의 뜻으로 들려주시면 큰 힘이 될 것입니다.

시그리드: 먼저 부모님들께 말씀드리고 싶은 것은 "진정하라(relax)"는 것입니다. 아이들에게 강하게 요구하지 말고, 아이들을 늘 지지해주고 격려해주라는 말씀을 드리고 싶습니다. 시간을 충분히 허락해주세요. 아이들 고유의 방식으로 배움을 이어나갈 수 있

도록 해주면 좋겠습니다. 그리고 집에서 아이가 슬픔에 가득 차 눈물을 흘리려고 한다면 눈물을 흘리게 도와주세요. 그리고 아이가 얼마나 고유하게 아름다운 존재인지를 알려주십시오. 늘 괜찮다고 말해주십시오. 학교 선생님의 경우에도 학생들에게 늘 잘하고 있다고 격려해주세요. 너만의 고유한 방식으로 너는 배우고 지혜를 터득해 나가고 있구나, 그런 말을 꼭 해주시길 바랍니다. 너는 이런 걸 못해, 이런 것을 좀 더 노력해야 해, 이런 식의 말하기보다 더 많은 격려를 통해서 아이들이 성장할 수 있게 도와주십시오.

코로나19 이후 부모님과 함께 집에 있는 시간이 많을 것입니다. 이것은 절호의 기회입니다. 갈등과 충돌의 시간으로 만들지 마시고, 화목의 시간을 만들어주십시오. 수학, 화학, 물리 이런 문제들을 풀어야 하는 전사로 아이들을 키우지 마시고, 아이들을 경쟁이라는 전쟁터에 내몰지 마시고, 아이마다 다른 배움의 공간과 여유와 시간이 필요하다는 것을 인정하고 아이들에게 충분한 시간을 허락해주십시오. 만약 집에서 이런 기회를 주지 못하고 있다면, 학교에서 도움을 주십시오. 사실 교사들도 아주 많은 어려움을 겪고 있고, 어려움 속에서 아이들을 가르치고 있다는 것을 잘 알고 있습니다. 그렇기 때문에 교사들 역시 도움이 필요할 것이고요. 하지만 아이들이 겪는 슬픔보다 더한 슬픔은 없다는 사실을 우리 모두 잊지 않기를 바랍니다.

제가 좋아하는 이야기가 하나 있는데요. 부모님들은 아이들을 괴롭히고 억압하고 이끌고 뒤에서 밀고 하는 방식이 아니라, 아이들의 수호신이 되어서 그냥 그들을 지켜주기만 해도 아이들은 충분히 알아서 잘 자란다는 이야기입니다. 그래서 부모든 교사든 아이들에게 충분하게 시간과 여유와 공간을 허락해주는 것이 중요합니다. "릴랙스"하시면 아이들 스스로 잘 자라날 것입니다. 마음의 여유를 가지시길 부탁드립니다.

2장

지속가능한 미래를 위한 정의로운 선택

코로나19뿐만 아니라 기후위기, 생물종 다양성의 급감, 불평등의 심화 등 오늘날 우리가 직면한 문제 앞에서 과연 우리는 어떤 가치를 향해 달려가고 있는지 살펴야 합니다. 지금의 선택이 20년 후, 30년 후의 미래를 결정하기 때문입니다. 교육은 지금 우리 앞에 놓인 문제를 직시하고, 새로운 세계를 상상하며, 그 세계의 가능성을 실현할 능력을 습득하는 과정입니다. 이러한 과정에 가장 먼저 필요한 것은 정신과 영혼의 성장을 돌보며 더불어 사는 인간의 삶을 풍요롭게 하는 인문 정신입니다.

전 지구적 위기는 새로운 삶의 양식을 요청하고 있습니다. 전 지구적인 상상력을 기르는 것은 우리 모두의 안전과 행복을 위해 반드시 필요한 시대적 임무일 것입니다. 더 나은 미래, 낙관할 수 있는 내일, 지속가능한 세계를 청소년이 꿈꾸고 실천할 수 있도록 돕는 인문학 교육은 지금 이 순간 다시 시작되어야 합니다. 더 이상 청소년들은 코로나19라는 거대한 위기가 지나가기를 숨죽여 기다려야 하는 소극적 피해자가 아닙니다. 청소년들이 이 세계가 앓고 있던 불평등과 부정의라는 오래된 문제를 극복하고 새로운 사회를 만들어가는 능동적인 시민이자 정의로운 인간으로 거듭날 수 있도록, 지속가능한 미래를 위한 정의로운 선택을 하고자 목소리를 내는 청소년들의 이야기에 여러분께서도 응답해주시길 부탁드립니다.

1

우리 교육의 티핑 포인트는 무엇입니까?

2020년 5월 24일, 조지 플로이드는 흑인이라는 이유로 경찰의 과잉진압에 목숨을 잃었습니다. 그 죽음이 계기가 되어 전 세계에 반(反)인종차별 운동이 일어났습니다. 조지 플로이드는 수많은 흑인과 차별에 분노를 느끼던 사람들의 다른 이름이었고, 그를 애도하며 인종차별을 끝내고자 전 세계 곳곳의 수많은 사람이 거리로 나왔습니다.

기후위기 대응을 요청하는 전 지구적 차원의 사회 운동인 '미래를 위한 금요일'을 시작한 그레타 툰베리는 이 시위에 대해 "세계가 어떤 문제를 계속 외면할 수는 없다는 것을 사람들이 깨닫기 시작하는 일종의 사회적 '티핑 포인트'를 지나고 있다"라고 말했습니다. 티핑 포인트란, 임계점을 뜻하는 말로, 부정의하고 부당한 일에 대해 더 이상 사람들이 참지 못하고 분노를 표출하거나 사회적 변화를 요청하는 지점을 말합니다.

그렇습니다. 전 세계의 많은 깨어 있는 시민들은 부당한 차별과 무례한 상황을 참지 않습니다. 우리의 일상에도 그런 일들이 있지 않나요? 특히 대한민국 청소년으로 가장 많은 분노를 느끼는 것은 '교육'입니다. 대한민국 교육에 문제가 있다는 것은 모든 국민이 알고 있습니다. 지나친 경쟁을 조장하고, 암기식과 주입식으로 진행되는 교육은 불확실한 미래를 준비하는 역량 있는 시민을 길러내기 어렵습니다. 사교육 시장이 너무 거대해 교육의 불평등 현상까지 일어나고 있다는 사실을 우린 잘 알고 있습니다.

그런데도 우리 교육의 임계점은 왜 아직 오지 않은 것일까요? 얼마나 더 많은 청소년과 어린이가 고통받아야 교육 문제에 임계점은 오는 것일까요? 우리는 어떻게 이 교육을 바꿀 수 있을까요?

Q. 여러분은 우리 교육이 변하기를 원하나요? 청소년이 생각하는 우리나라 교육의 참을 수 없는 지점은 무엇인가요?

친구와 경쟁하고 싶지 않아요

· 강태희, 김서영(14세) ·

시험 기간만 되면 교실은 전쟁터가 됩니다. 상대평가를 하는 시험에서 좋은 결과를 얻기 위해서는 친구들과의 경쟁에서 이겨야 합니다. 시험 기간엔 어느 순간 둘도 없던 친구가 적으로 여겨집니다. 당연히 친구와 사이가 나빠집니다. 시험 결과가 좋지 않으면 등급이 떨어질 것이라는 불안감이 교실 전반에 깔려 있습니다. 부모님이 실망하실까 봐 무섭습니다. 시험 기간에 우리가 투견이 되는 것만 같습니다. 친구들을 모두 적으로 만드는 교육을 받으면서 이후에 우리는 올바른 사회생활을 할 수 있을까요?

· 방민서(15세) ·

저는 우리 교육이 친구들을 자꾸 경쟁자로 만들고, 서로 경계하도록 하는 것을 정말 참을 수 없습니다. 얼마 전 기말시험을 쳤습니다. 시험을 마친 후 선생님들은 답안지를 나누어주셨고, 우리는 서둘러 채점을 했습니다. 그 후 친구들은 서로 "내 점수가 더 높네", "너 나보다 공부 못하네"와 같이 서로 비교하는 말을 내뱉었습니다. 자꾸 서로의 점수를 묻고, 친구가 잘 쳤다고 하면 불안한 마음이 들고, 친구가 못 쳤다고 하면 이겼다는 안도의 기분을 느낍니다. 그럴 때마다 저는 제가 못된 사람이 된 것 같습니다.

· 김희상(15세) ·

한국의 교육은 배움 그 자체보다는 시험 점수를 어떻게 올릴지에 초점이 맞춰져 있습니다. 그러다 보니 공부할 때 어떻게 하면 시험을 잘 칠 수 있을까만 고민합니다. 학교는 시험 성적으로 등급을 매기는 곳이 아닌 무언가를 배우고 알아가며 사는 데 필요한 정보들을 배워나가는 곳입니다. 겉으로는 배우고 있는 것처럼 보여도 알맹이가 없는 교육. 바로 이 지점이 우리나라 교육의 모습이 아닐까 생각합니다.

· 김숲(16세) ·

어른들은 우리가 로봇이라도 되는 줄 압니다. 우리 머릿속에 최적의 답지가 들어앉을 때까지 주입하고 또 주입하는 모습이 알고리즘을 구성하는 개발자 같기도 합니다. 학교에서 서술형이나 주관식 수행평가를 하면 놀랍게도 모두 다른 학생들이 비슷한 답을 적습니다. 예를 들면 '여러분이 생각하는 최적의 집은 어떤 조건을 갖추고 있나요?'라는 질문에 거의 모든 학생이 편안한 집, 쾌적한 집, 안전한 집이라고 적었습니다. 분명 정해진 답이 없는 문제였음에도 시험을 치는 순간 '선생님은 이런 답을 원하시겠지'라는 생각을 했습니다. 제가 진짜 공부를 하고 있는 게 맞을까요?

공정하지 못한 사교육에서 벗어나고 싶어요

· 하준수(15세) ·

학교 수학 시간에 모르는 문제를 질문하는 친구에게 선생님께서 "그런 건 모두 학원에서 배우지 않나?"라고 말씀하시는 것을 보고 엄청난 충격을 받았습니다. 선생님들이 종종 학원의 중요함에 대해 말씀하시고 수업 내용의 일부가 학원과 공유되는 이 상황이 교육의 변화를 가로막는 벽처럼 느껴집니다.

· 박산휘(14세) ·

제가 학교에서 느낀 바는 우리 교육은 공정하지 않다는 것입니다. 사교육을 얼마나 받았는지에 따라 공교육에서 시험의 결과가 달라지기 때문입니다. 하지만 모든 학생이 사교육의 기회를 얻는 것이 아닙니다. 집안 형편이 사교육을 받기에 넉넉하지 못한 청소년도 참 많습니다. 그런 학생이 공교육으로만 공부를 따라가기엔 역부족인 상황입니다. 족집게 강사에게 엄청난 돈을 내며 수업을 받는 아이들과 그렇지 못한 아이들의 차이는 심해질 수밖에 없습니다. 사교육을 받지 않으면 뒤처진다는 생각 때문에 한국의 학생들은 아주 어린 시절부터 경쟁적으로 사교육을 받기 시작하고, 끝이 없는 사교육의 굴레 속에서 헤맵니다. 모든 것이 돈에 따라 결정되는 사교육으로 운영되는 교육은 결코 정의로울 수 없습니다.

· 김다민(14세) ·

우리 학교에서는 자유학기제 · 자유학년제에 어떤 활동을 할지를 가위바위보로 정합니다. 그렇게 마구잡이로 선택된 활동을 하다 보면 이것이 꿈을 찾는 데 도움이 되는지 알 수가 없습니다. 실제로 선배들에게 물어보면 자유학기제로 진로를 결정한 사람은 많지 않다고 합니다. 그런데 학교 선생님들은 우리에게 진로에 관해서 물어보고, 정하지 못한 친구들에겐 왜 못 했냐고 다그치기도 합니다. 꿈을 정하지 못한 것이 우리 잘못인가요? 이런 교육 제도와 학교가 이대로 계속 지속된다면 힘든 일이 너무 많아질 것 같습니다.

성적으로 평가하지 말고 존엄한 인간으로 대해주세요

· 전태화(16세) ·

저는 우리 교육에서 각자가 가진 개성을 학번과 성적으로 평가하는 것을 참을 수 없습니다. 우리를 단지 기계 부품처럼 부르거나 죄수를 부르듯이 '3학년 1반 1번'이라 부르는 것이 싫습니다. 어느샌가 제 학번은 저의 정체성이 되어버렸습니다. 학교도 아닌데 이름을 쓸 때면 습관적으로 학번을 함께 쓰고, 자기소개할 때 학교 이름과 학년을 말합니다. 왜냐하면 지금의 교육에서는 내 개성이 중요하지 않기 때문이고, 따라서 그런 개성을 키울 수 있는 교육은 받지 못하기 때문입니다. 하지만 내가 누구인지는 학교 이름과 학번으로 설명할 수 없습니다. 획일적이고 개성을 죽이는 교육은 이제 그만해야 합니다. 모두가 다 다른 우리를 존중해주세요. 우리 모습을 있는 그대로 인정해주세요.

· 김연우(16세) ·

제가 정말 참을 수 없는 것은 성적으로 학생들을 판단하는 선생님의 태도입니다. 선생님들은 종종 학생들을 '공부 잘하는 아이'와 '공부 못하는 아이'로 구분합니다. 선생님들은 공부를 잘하는 친구한테는 다정하게 대하고 발표할 기회를 많이 줍니다. 하지만 공부

Fernando Cobelo © United Nations COVID-19 Response

를 못하는 친구는 무슨 말을 하기만 해도 '네가 이걸 알겠어?'라는 눈빛을 보냅니다. 동시에 공부를 너무 잘하는 것도 아니고, 못하는 것도 아닌 학생에게는 관심이 없습니다. 선생님과 상담에서 저는 무척 충격적인 말을 들었습니다. 선생님은 제게 "너는 성적이 그렇게 좋지도 않고 나쁘지도 않아서 선생님은 신경 안 쓰고 있었네"라고 말씀하셨습니다. 저는 성적으로 사람을 판단하는 건 학생의 인격을 무시하는 일이라고 생각합니다.

· 박성준(16세) ·

학교에서 정말 만나기 싫은 선생님이 있습니다. 아침에 학교에 도착하자마자 "떠들지 마", "시험 한 달 남았는데 뭐하는 거야", "공부해"라고 말씀하시는 선생님이지요. 그 선생님은 새 학기에 처음 만나자마자 "중3은 고입 때문에 굉장히 중요하다"라고 말했습니다. 이미 우리를 공부만 해야 하는 기계처럼 보는 것 같았습니다. 제가 우리나라 교육에서 참을 수 없는 것은 이제까지 만난 선생님들이 진심으로 학생에게 가르침을 전하고 싶은 사람이라기보다, 지식을 전하고 시험을 치게 만드는 관리자 정도로밖에 느껴지지 않는다는 사실입니다. 이런 선생님들이 아이들을 가르치고 이 아이들이 자라서 똑같은 방식으로 가르치는 악순환이 계속되는 것이 우리나라 교육에서 무엇보다도 참을 수 없는 부분입니다.

Q. 부당하다고 생각하는데 변하지 않는 이유는 무엇일까요?

교육 제도에 적응해버린 우리

· 이채윤(14세) ·

갑자기 변하는 것이 두려운 것일 수도 있고 귀찮기 때문일 수도 있습니다. 너무 많은 것이 한 번에 바뀌면 학생들과 학부모들이 적지 않게 당황할 것입니다. 지금까지 입시 공부를 해왔거나 시켜왔는데 방향이 바뀌면 큰 파장이 있을 것입니다. 그러니 귀찮은 것입니다. 하나하나 제도를 다시 세워야 하니까요.

· 김도환(18세) ·

교육 제도가 부당하다고 생각하지만, "교육에 대해 문제를 제기해 보자, 우리 교육을 고치자"라고 말해도 아무런 변화가 없을 것 같습니다. 오히려 제가 그러는 동안 그 틈에 다른 친구들은 아무렇지 않게 더 열심히 공부할까봐 무섭습니다. 그래서 그때는 이미 공부하려 해도 못 따라잡을까봐 도저히 지금 이 교육을 뿌리치고 저항할 용기가 생기지 않습니다. 한 친구가 이런 말을 한 적이 있는데 계속 생각하게 됩니다. "지금의 교육이 분명 잘못된 걸 알지만 그

걸 고치려 하거나 멈추지를 못하겠다."

· 김원우(15세) ·

부당하다고 생각하지만 변하지 않는 이유는 많은 학생이 저처럼 부모님께 선택을 맡기는 것에 익숙해졌고, 그것을 당연하다고 여기기 때문입니다. 물론 저도 엄마가 다니라고 하는 학원에 다니지만, 이 상황이 마음에 들지는 않습니다. 저도 제가 선택한 공부를 하고 싶습니다.

· 김태정(14세) ·

아무도 먼저 용기를 내지 않고, 부당하다고 외치지 않아서 변하지 않는 것 같습니다. 혼자만 용기를 내기엔 주위의 시선이 두렵습니다. 초등학생 때까지만 해도 제가 문제라고 생각하는 것들을 선생님께 자주 이야기했습니다. 그때 선생님들은 따뜻한 미소로 제 말을 들어주셨습니다. 하지만 중학생이 되고 나선 말을 잘못 꺼냈다간 아예 '선생님 모욕(벌점 5점)'이라는 교칙의 영향을 받기 때문에, 말을 꺼내기조차 몹시 어렵습니다. 또한 학생이 어떤 문제에 대해 목소리를 냈을 때도 그것을 말대꾸로 분류해 '나쁜 아이'가 되어버립니다. 저는 학생들이 쉽고 편하게 목소리를 낼 수 있는 사회 분위기가 만들어져야 한다고 생각합니다.

빠르고 효율적이며 관리하기 좋은 교육

· 최준영(15세) ·

지금 교육은 학생들을 관리하기 쉽습니다. 교육에 문제가 있다고 생각해도 교육 방법을 변화시켰을 때 새로운 교육이 더 쉽게 인재를 가려낼 수 있다는 확신도 없습니다. 기성세대는 이미 기존의 교육에 익숙해졌으며, 학생들도 교육 방식에 이의를 제기하기보다는 더 순응하면서 어떻게 하면 자신이 이 교육 제도 속에서 살아남을 수 있을지를 고민하는 게 편합니다. 상황이 이러하니, 당연히 변화를 시도하기는 어려울 수밖에 없다고 생각합니다.

· 김희상(15세)

문제가 많아도 지금 시스템이 가장 편하기 때문에 변하지 않습니다. 성적을 통해 학생들의 등급과 순위를 매깁니다. 경쟁을 통해 승자와 패자를 가려냅니다. 또 승자 중에서도 다시 경쟁을 시켜 최고를 걸러냅니다. 이것이 기계의 프로그램이라면 완벽히 효율적입니다. 하지만 문제는 이것이 우리 인간의 프로그램이라는 것입니다. 사람을 한 가지 잣대로만 판단하고 등급을 매길 수 있는 것일까요? 각자가 가진 특성과 재능은 무시해도 되는 걸까요? 가장 무서운 것은 저 또한 어느샌가 이 교육 방식이 편하게 느껴진다는 것입니다.

· 심규형(15세) ·

시험은 학생의 수준을 정확하게 숫자로 나타내는 방법이라 편합니다. 시험을 잘 칠 수 있는 사람들은 자신을 명확하게 뽐낼 수 있으니 오히려 이 제도를 더 선호합니다. 이런 일들로 봐서 어른들은 교육을 누가 누가 잘하는지를 가르는 스포츠 같은 경쟁으로 생각하는 것 같습니다.

교육 제도를 바꿀 이유가 없는 사람들

· 유현주(15세) ·

어른들은 우리나라 교육이 대체로 나쁘지 않다고 생각하는 것 같습니다. 어른들은 공부를 잘해서 좋은 대학, 직장에 들어가기를 바라는 경우가 많은데, 우리나라의 주입식 교육이 아이들을 공부하게 만드니까, 이런 교육이 괜찮다고 생각하는 것 같습니다.

그런데 정말 공부만 열심히 하면 잘살 수 있나요? 우리 교육이 변하지 않는 이유는 사회의 인식이 바뀌지 않아서인 것 같습니다. 우리나라 사회에서는 공부를 잘하는 것이 잘사는 것을 확실하게 보장한다는 인식이 있는데, 이 인식이 바뀐다면 변화할 수 있다고 생각합니다.

· 진정호(18세) ·

사립학교에서 전학 온 공부를 잘하는 친구가 있는데, 그 친구는 경쟁 시스템이 좋다고 말했습니다. 반 친구들이 선의의 경쟁을 하며 공부를 열심히 하면 반 평균도 올라가고 말이죠. 그 말을 듣고 하루 동안 생각이 많아져 그 친구에게 쉽게 다가갈 수가 없었습니다. 반 친구끼리 성적 경쟁을 하는 것이 어떻게 선의의 경쟁인지 의문이 들었습니다.

경쟁을 통해 누군가를 이기면 좋은 대학을 갈 수 있는 곳이 우리나라입니다. 공부를 잘하는 학생이 아쉬운 것 없이 졸업해서 우리나라를 변화시킬 수 있는 권력을 가진 자리에 간다면 우리나라 교육은 당연히 바뀔 수 없습니다. 우리나라 교육이 바뀌지 않은 이유는, 제가 생각한 것 이상으로 우리나라 교육에 문제가 없다고 생각하는 사람들이 많기 때문이 아닐까 하는 생각이 들었습니다.

이미 지나온 일을 잊어버린 어른들

· 박성준(16세)

선생님들께 자주 듣는 말이 있습니다. "나도 너희 때는 힘들었는데 나중에 보니 할 만한 것이었더라"라는 말입니다. 힘들면 다른 방법을 찾아보면 될 일이고, 혹은 그 힘듦에 부당함이 있다면 반드시 바꿔야 할 텐데, 이제 자신들은 더는 겪을 일이 없으니 관심이 없다는 무책임한 말이라고 생각합니다. 또 지금의 방식은 아이들을 관리하기도 쉽습니다. 아이들은 어른보다 힘이 약합니다. 그리고 혼자서는 바꾸려고 해도 바뀌기는커녕 손해만 보기 때문에 그냥 받아들이자고, 12년만 참고 넘기자는 생각을 하게 됩니다. 그럼 우리도 언젠가 똑같은 어른이 되어버리겠지요.

· 전태화(16세) ·

교육이 변하지 않는 이유는 어른들이 현실을 들여다보지 않기 때문입니다. 장학사가 학교에 와서 쓱 둘러보고 가면 잘못된 것을 알 수 있나요? 그런 날 선생님들 수업방식도 평소와는 다르고, 학생들도 괜한 긴장을 하게 되는데, 아무 쓸모가 없는 시찰입니다. 우리의 삶을 좀 더 자세히 들여다봤으면 좋겠습니다. 고교학점제 도입이나 세특(교과 세부능력 및 특기사항) 금지가 도대체 무슨 소용이 있나요? 당사자들은 압니다. 아무것도 바뀌는 것은 없다는 사실을 말

코로나19 시대에 필요한 삶의 기술, 공감

Gaia Maritano © United Nations COVID-19 Response

이지요. 교육 관계자들께 학생들에게 도움이 되는 걸 하시라고 말하고 싶습니다. 진짜 근본적인 것을 바꾸는 노력을 함께 해보는 것입니다. 교육 제도에 불만이 터져 나올 때 임기응변식으로 대응하는 것은 아무 효과가 없다는 것을 이 세상 모두가 압니다. 제대로 문제를 알고자 하고 해결 방법을 찾고자 하는 노력이 사회 전반적으로 함께 이루어지면 좋겠습니다.

· 김예슬(16세) ·

학생들이 시험 때문에 스트레스가 크고, 공부하는 방식에 문제가 있다고 얘기하면 어른들은 "그런 말은 꼭 공부를 못 하는 애들이 하더라", "공부 잘하는 애들은 별말 없이 바로 시험 칠 준비를 한다", "시험을 쳐 등수를 나누지 않는다면 대학은 어떻게 가겠냐"며 학생들의 목소리를 무시하곤 합니다. 청소년들은 학업 스트레스로 극심한 자살 충동을 느끼고 실제로 자살을 하거나 자해를 합니다. 왜 지금의 교육을 그대로 밀어붙이는 선생님과 어른은 많지만 진정으로 학생들이 행복한 삶을 살고, 감수성을 키울 수 있는 교육에 대해 고민하는 선생님과 어른은 많지 않은 걸까요?

Q. 우리나라 교육의 티핑 포인트는 무엇입니까?
어떻게 변화를 일으킬 수 있을까요?

현실을 직시해야 미래를 바꿀 수 있습니다

· 박산휘(14세) ·

우리나라 교육의 티핑 포인트는 바로 지금 여기서 잠시 멈추고 생각하는 것입니다. 많은 학생이 우리 교육이 갖고 있는 여러 문제에 대해서 자세히 생각하는 순간 변화가 시작될 것입니다. 우리 교육의 현실을 바로 본 사람이라면 이를 폭발시키는 것이 정상이라는 생각을 할 것입니다. 그만큼 우리의 교육에는 문제가 많습니다. 청소년들은 현실을 바로 보고, 생각할 수 있어야 합니다. 생각은 그 무엇보다도 큰 힘입니다. 우리가 제대로 생각할 때만 세상은 바뀔 수 있습니다.

· 이유진(16세) ·

우리가 알아야 하는 것은 지금 이 순간에도 우리 교육 속에서 견디지 못하고 죽어가는 이들이 있다는 것입니다. 이것보다 더 중요한 사실은 없습니다. 용기를 내어 정의로운 목소리를 내고, 평화적인 행동을 합시다. 그것이 티핑 포인트가 될 것입니다.

변화가 두렵더라도 나부터 시작합니다

· 김보민(16세) ·

저는 우리가 시대에 물들지 않으면 된다고 생각합니다. 이전까지 그래왔을지라도 지금의 한 세대가 물들지 않고, 교육혁명과 사회혁명을 일으킨다면 분명 변화는 가능합니다. 그러나 문제는 바로 '나'입니다. 나는 과연 물들지 않고, 변화를 일으킬 수 있는 사람인가 생각했을 때 두려운 마음이 듭니다. 나 혼자 하면 분명 어렵지만, 다른 사람을 설득하고 함께하자고 하면 힘이 나지 않을까요. 우리는 희망에 투자해야 합니다. 저부터 그 시작을 열어가겠습니다.

· 하준수(15세) ·

제가 잘못한 일이 있습니다. 한국 교육 안에서 다른 친구들을 이겨가며 공부한 것, 앞서나가는 친구들을 보며 질투심을 느낀 것입니다. 대한민국의 제도권 교육을 받는 학생이라면 당연하다고 말할 수 있지만, 충분히 더 큰 가치에 눈 뜰 수 있었고 속도를 늦출 수 있었습니다. 저와 주변 친구들을 보면 마음이 아픕니다. 시험, 학원, 대학만 중요할 뿐 삶에서 무얼 갖추고 준비해야 하는지에 대해서는 꿈꾸지 못하고 있었습니다. 이것은 제 친구들의 잘못이 아닙니다. 상자 안에 아이들을 넣어놓고 뚜껑을 닫아버린 잘못된 어른들의 가치관일 뿐, 그 안에서 매일 같은 일상을 반복하는 학생들에게는 죄가 없음을 압니다. 그럼에도 제가 스스로에게 실망한 것은 우리가 상자 안에 있다는 그 사실조차 친구들에게 알려주지 않았다는 것입니다.

학교에 가면 저를 자유로운 아이로 보는 시선이 느껴집니다. 대학과 같은 구체적인 목표보다는 애매모호한 이상을 이야기하고 더 좋아하는 이상한 아이로 보일 수도 있겠네요. 특이한 사람이 된 저를 보며 의구심이 들었습니다. '이건 폭력이 아닐까? 지금의 나보다, 외국의 아이들보다 더 자유로운 시각을 가질 수 있는 내 친구들의 미래를, 그 가능성을 제한하는데 왜 아무도 목소리를 내지 않을까?' 친구들은 나누는 교육을 받았다면 너그러이 포용할 줄 아는 사람이 되었을 것이고, 자신의 목소리로 이야기하는 교육을 받았다면 확고한 신념을 가진 사람이 되었을 수 있습니다. 하지만 한 가지 목표를 위해 모두를 동시에 출발시키는 이 사회에서는 경쟁에서 이기거나 진 사람으로밖에 자랄 수 없습니다.

저는 제가 할 수 있는 만큼, 지금보다 더 학교에서 주변 아이들과 더 큰 무언가를 나누고 싶습니다. 제게 있는 자유로움으로 우리가 가져야 할 더 큰 이상에 대해 나눌 것입니다. 이렇게 하면 저와 연결된 친구들이 학교를 바꾸게 될 수 있지는 않을까요?

· 김태정(14세) ·

저는 어렸을 때부터 명확한 꿈이 있었습니다. 구체적인 목표도 있었고, 그 꿈을 이루기 위한 최소한의 노력도 하고 있었습니다. 그런데 중학생이 되면서부터 그 꿈에 대한 자신이 점점 사라졌습니다. 제가 좋아하는 것보다는 남들에게 인정받을 수 있는 것인가에 대해 먼저 생각하게 되었습니다. 제 생각을 바꾼 근본적인 원인은 개개인의 특성을 억누르는 일반화된 교육과 그것을 지지하는 사회 분위기 때문이라고 생각합니다. 또한 사회적 분위기를 따라 있는 그대로의 '나'를 외면하는 저 역시 원인일 것입니다.

저는 제 이름을 걸고, 구불구불한 길, 꺾인 길 등 자신의 선택에 따라 목적지가 달라지는 길이 있는 시대를 만들고 싶습니다. 새로운 시대엔 그 모든 목적지가 존중받을 것입니다. 이것이 제가 이루어내고 싶은 새로운 시대의 정의로운 혁명입니다.

새로운 교육은
함께 만들어 나가는 것입니다

· 이연경(18세) ·

전 입시 제도 개선에 앞서 우선 선생님들도 변화해야 한다고 생각합니다. 선생님은 학생의 방향성과 정체성에 많은 영향을 줍니다. 어릴 때부터 올바른 교육과 자신의 자아와 개성을 만들 수 있는 수업, 행복할 수 있는 교육, 친구와 경쟁하는 것이 아닌 협동할 방법을 배웠다면 우리는 어땠을까요. 저는 우리들이 스스로 현재 교육의 잘못을 알고 입시 제도나 암기 시험과 같은 의미 없는 교육 제도를 개선하자는 목소리를 낼 수 있다고 생각합니다. 학생들이 건강하고 윤리적인 삶을 살 수 있도록 도와주고 정말 학생들을 위하는 선생님들이 필요합니다.

· 백주은(16세) ·

우리는 왜 공부를 하고, 또 진정으로 무엇을 배워야 하는지 생각하고 깊은 토론을 해야 합니다. 우리가 배워야 할 과목과 내용이 현실에 맞아야 합니다. 학교에서 지금 배우고 있는 과목 외에도 정치, 경제, 환경, 세계의 다양한 문제를 생생하게 배울 수 있어야 합니다. 우리가 자세히 들여다보지 않았던 분야에 관심을 기울이면서 생각의 폭을 넓혀가는 것입니다. 스스로 자신에게 질문하고, 더 나아가 세계에 질문할 수 있도록 말입니다. 새로운 교육을 상상하고, 그런 교육을 꿈꾸는 사람들이 함께할 수 있어야 합니다. 그렇게 점차 더 멋진 교육이 사회적으로 공감을 얻을 때 티핑 포인트가 찾아올 것입니다.

· 박보정(16세) ·

우리는 오랫동안 대한민국 교육 제도를 비판해왔습니다. 학생들과 선생님, 학부모 역시 교육의 문제점을 명확히 알고 있습니다. 교육에 대해 함께 대화할 장이 필요합니다. 대통령과 직접 대화할 수 있는 장, 장관과 함께 대화할 수 있는 장, 시장과 교육감과 토론할 수 있는 공론의 장이 많이 필요합니다. 정책 발표를 하기 위해 기자회견은 열면서 왜 우리 학생의 목소리는 들어주지 않는 걸까요? 학생의 힘만으로는 변화를 일구어낼 수 없습니다.

· 김경민(18세) ·

저는 최소한 지자체 규모에서부터 교육개혁에 대해서 일반 사람들이 많은 관심을 가지고 논의하고 다양한 실험과 검증을 할 필요가 있다고 생각합니다. 고등학생들은 흔히 "3년만 버티면 네 세상이야"라는 말을 듣습니다. 하지만 3년만 버틴다고 그런 세상이 오진 않을뿐더러, 10대의 아름다운 시절을 힘들게 보내게 하는 나쁜 말이라고 생각합니다. 그러므로 현실적으로 변화를 만들어낼 수 있는 지자체 단위에서 먼저 인식을 바꾸고 새로운 교육을 시도해야 한다고 봅니다.

· 배윤서(18세) ·

사회를 바꾸려면 시민들이 목소리를 내야 합니다. 마찬가지로 학교를 바꾸기 위해선 학생들과 선생님들이 목소리를 내야 합니다. 그리고 그런 노력이 학부모와 사회 전반으로 퍼져나가야 합니다. "당연히 변해야 하는 것들이 왜 변하지 않았지? 더 좋은 교육은 분명 가능하잖아!" 하는 인식이 퍼질 때 교육은 티핑 포인트를 맞이할 것입니다.

· 박유진(17세) ·

저는 꿈이 없는 청소년입니다. 아니, 사실은 꿈이 있었습니다. 저는 역사책을 읽고 다양한 자료들을 찾아보는 일, 내가 찾은 정보들로 조금이나마 역사 속의 사람들이 어떻게 살았을까 알아가는 일이 즐거운 청소년입니다. 하지만 이러한 즐거움은 꿈으로 인정받기 힘듭니다. 제가 역사학자가 되고 싶다고, 역사 공부를 하고 싶다고 하면 어떻게 먹고 살 거냐는 이야기부터 듣습니다. 문과보다는 이과를 선택하는 게 취업하기 좋다는 말을 늘 듣습니다. 공무원이 꿈인 아이들, 의사가 꿈인 아이들은 이런 소리를 안 들을까요? 어째서 의사를 하고 싶다는 친구들은 잘해보라며 응원을 받고 멋지다며 칭찬을 듣지만, 저는 다시 한 번 생각해보라는 소리를 들어야 할까요? 내가 좋아하는 일이 뭔지, 그걸로 어떻게 이 사회에 도움이 될 수 있는지를 정말 열심히 고민해서 찾은 저의 답은 순식간에 세상을 모르는 순진한 아이의 말도 안 되는 꿈이 된 것입니다. 누군가가 하고 싶은 일을 하면서 경제적으로, 사회적으로 성공하지 못하는 것은 우려하지만 평생 부와 명예를 좇아서 좋아하는 게 뭔지도 모른 체하기 싫은 일을 하는 사람은 왜 걱정하지 않는 것일까요?

저는 부와 명예, 성적 경쟁을 위해 싸우는 공부 전사들을 키우는 교육이 아닌, 좋아하는 공부와 일을 찾고 꿈을 향해 가는 아이들을 키우고 응원하는 교육을 바라는, 마음껏 꿈을 꿀 수 있는 세상을 만드는, 희망을 향한 혁명가가 되고 싶습니다.

2

2040년 한국은 지금의 교육이 결정한다

2020년 9월 19일, 제1회 청년의 날이 제정되었습니다. 청년의 권리보장 및 청년발전의 중요성을 알리고, 청년문제에 대한 관심을 높이기 위해 제정한 법정기념일입니다. 20세부터 39세까지의 청년들이 느끼는 '불공정'을 해소하겠다는 정부의 의지이기도 하겠습니다. 청년의 날의 제정으로 시도하고자 하는 우리 사회 변화는 무엇입니까? 열심히 노력하면, 포기하지 않고 도전하면 언젠가 성공이 올 것이라는 막연한 희망을 주고자 함인가요?

정치는 사회가 나아가야 할 방향을 고민하고 실질적으로 이행하기 위한 방법을 제시해야 합니다. 그렇다면 지금 우리 정치가 해야 할 일은 무엇입니까? 지금 청년들이 느끼는 부조리와 부당함이 어디서부터 시작되었는지 들여다봐야 합니다. 10대 내내 경쟁 시스템과 그에 따른 차별을 견뎌내야 하고, 오직 주어진 답만이 옳다는 주입식 교육을 받고 자란 청년들은 결코 공정한 사회를 만들어갈 수 없습니다.

2020년을 살아가고 있는 어린이와 청소년들이 20년 후 청년 세대가 됩니다. 지금의 어린이, 청소년 세대가 공정한 가치가 실현된 교육을 받을 때 공정 사회는 비로소 가능합니다. 또한 더 이상 시험 성적이나 대학의 이름이나 직업의 종류로만 삶의 질이 결정되지 않는 사회, 각자가 가진 다양한 능력으로 우리가 마주한 위기를 극복할 수 있는 사회, 생명의 존엄함이 그 어떤 가치보다 우선되는 사회가 가능해집니다.

교육은 한 사회를 만드는 힘입니다. 인간으로 서로를 존중하는 교육, 한 시대와 사회가 직면한 문제를 해결할 책임 있는 시민이 탄생할 수 있는 교육을 하는 것이 공정한 사회를 만들기 위해 해야 할 가장 실질적이고 시급한 과제입니다.

지금 우리가 겪고 있는 위기들이 지난 시간들의 선택으로 초래된 결과이듯, 공정 사회는 하루아침에 만들어지지 않습니다. 인문적 상상력으로 새로운 시대를 열어갈 교육혁명을 이야기해야 합니다.

공부는 좋은 사람이 되는 길이고, 세상을 향해 던지는 질문이며, 모두에게 이로운 혁명입니다. 공부는 쓸모 있는 실천으로 이어져야 합니다. 그 쓸모란 생명을 구하는 일이고, 자유롭고 행복한 삶을 만드는 일이며, 정의로운 세상을 구축하는 일입니다. 공부는 반드시 정의로 나아가는 문이어야 합니다. 오직 시험만 잘 치는 인간을 길러내는 교육을 단호히 그만둘 수 있도록, 입시제도 중심의 교육개편이나 공론화위원회 발족의 형식이 아닌, 교육개혁에 대한 진지하고 구체적인 이야기를 시작해야 합니다. 2040년의 한국은 지금의 교육이 결정합니다. 그렇다면 지금 우리가 해야 할 일은 무엇일까요?

대한민국 청소년, 지금 행복한가요?

· 박보정(16세) ·

행복한 삶을 살고 있느냐는 질문을 들었을 때 대한민국의 청소년 중 자신 있게 행복하다고 말할 수 있는 사람은 드물 것입니다. 누군가가 저에게 행복하냐고 물어본다면 "학교나 학원에 있는 시간이 집에 있는 시간보다 더 많은 내 인생이 재밌고 행복하겠어?"라고 날카롭게 되받아칠 것 같습니다. 매일 밤 10시를 넘겨 마치는 학원 수업과 너무 많은 학원 숙제에 저라는 존재가 부러지는 기분입니다. '이걸 왜 해야 하지'라고 생각하면서도, 이 교육이 잘못되었다는 것을 알고 있으면서도 굴복하는 저를 보고 있노라면, 세상이 다 무너질 것만 같은 좌절감이 듭니다. 저는 새삼 제가 얼마나 행복을 갈망하고 있는 사람인지, 또한 행복하지 못한 삶에서 오는 갈증을 예민하게 느끼고 있는지를 알게 됩니다.

고대 철학자 아리스토텔레스에 따르면 인간은 자신의 본성을 충실히 따를 때 행복을 느낀다고 합니다. 누군가를 좋아하고, 먹고 싶은 음식을 먹고, 잘 자고, 하고 싶은 일을 하는 것들이 모두 우리가 자신의 본성을 실현하는 것을 통해 느끼는 행복이지요. 소소하지만 내가 하고 싶은 것들을 해가는 것이 저에게는 행복이라고 생각합니다. 그렇게 생각하면 너무나 힘든 상황에서도 분명 조금 더 행복해지기 위해 할 수 있는 노력이 있을 것입니다. 저는 제가 행복해질 기회를 놓치고 싶진 않습니다. 제 행복에 관한 한 부조리한 세상만을 탓할 수 없습니다. 이미 지나간 행복의 기회들은 되돌리기 어렵겠지만 앞으로의 행복은 절대 놓치지 않을 것입니다.

· 최준영(16세) ·

세상을 바꾼 10대들의 이야기를 소개한 책을 읽어보면, 제 또래의 친구들인데도 그들에게는 멋진 신념이 있고, 부조리함에 저항하며 새로운 것을 향해 나아가는 자신감이 있습니다. 그들은 주위에 관심을 조금 더 기울였고, 자신이 지금 할 수 있는 일을 했습니다.

저는 대한민국 청소년이 바로 그런 삶의 추진력이 없기 때문에 행복하지 않다고 느낍니다. 하고 싶은 일이 없고, 바꾸고 싶은 것이 없는 우리 삶은 무기력하고 재미없습니다. 저 역시 문제가 무엇인지 이야기할 때는 많지만, 그 문제를 해결하기 위해 아무것도 하지 않는 것이 갑자기 무책임하게 느껴졌습니다. 당장 무엇이라도 해야 할 것 같은 생각이 들었습니다. 그래서 저는 지금 이렇게 글을 쓰고 있습니다. 물론 제가 글을 쓴다고 해서 당장 세상이 바뀌리라 생각하지 않습니다. 그러나 질문할 수 있고 문제점을 찾아낼 수 있는 정신이 있는데, 아무것도 하지 않는 것은 너무나 무책임하다고 느끼기 때문에 글을 씁니다. 쓸데없어 보이는 생각이라도 일단 꺼내놓고 고치고 또 고치다 보면 언젠가는 그게 세상을 바꾸게 될지, 그건 아무도 모를 일입니다. 그래서 저는 좀 더 나은 세상을 만들기 위해 이렇게 글을 씁니다. 그것이 저 자신도 행복해지는 길이라고 믿습니다.

지금 행복해야 미래도 행복할 수 있다

· 박성준(16세) ·

행복한 삶을 위해서 저는 수치심이 꼭 필요하다고 생각합니다. 최근에 저는 사소한 것에 자주 분노했습니다. 다 이긴 게임을 졌을 때, 잘 되던 이어폰이 갑자기 고장 났을 때 등입니다. 그런데 이렇게 잦은 분노가 제 인생을 행복하게 하지 않는다는 것을 알았습니다. 그렇기 때문에 저는 수치심을 통해 사소한 것에 분노하지 않는 법을 배우려고 합니다. 저는 이를 위해 매일 세상의 사람들이 겪는 어려움을 찾아보겠습니다. 그리고 이에 따라 나의 잘못된 것들을 떠올리며 반성할 것입니다. 예를 들어 세상에는 귀가 들리지 않아 평생 아무 소리도 들을 수 없는 사람이 있습니다. 그런데 나는 고작 이어폰이 고장 난 것으로 화를 낸 일을 부끄러워할 것입니다. 누군가는 학교도 가지 못하는데 나는 숙제도 미루고 게임에 진 것에 화를 낸 일을 창피해할 것입니다. 옳지 못한 것에 부끄러워할 줄 알고, 부정의한 것을 고칠 수 있도록 분노의 힘을 잘 다스리고, 더 나은 비전을 그릴 수 있는 희망의 힘을 갖는 것. 그것이 바로 조금이라도 더 나은 미래를 만들기 위해 지금 우리가 갖춰야 할 삶의 자세라고 생각합니다.

코로나19 시대 우리가 내고 또 귀 기울여야 하는 목소리

Catherine Cordasco © United Nations COVID-19 Response

· 이선우(16세) ·

중학교 3학년을 앞둔 시점에서 제가 어느 고등학교에 진학하는 게 좋을지, 제가 진정 원하는 진로는 무엇일지 고민한 적이 있습니다. 그런데 항상 고민하다 보면 용기의 문제에 맞닥뜨릴 때가 많습니다. 이것은 두려움 때문인 것 같습니다. 만약 제 꿈이 '피아니스트'라고 한다면 최고의 피아니스트가 되기 전의 나의 모습이 두렵게 다가오는 것입니다. 평생 최고의 피아니스트가 되지 못할 수도 있기 때문이지요. 그럼 먹고 사는 문제가 걱정됩니다. 그때는 내가 또 어떤 인생을 선택할 것인지, 과연 내가 잘할 수 있을지 걱정이 걱정을 낳습니다. 이 같은 고민들은 굉장히 보편적이지만 아주 어렵기도 합니다. 내가 앞으로 살아갈 긴 생을 결정하는 것이기 때문입니다.

용기 있는 사람은 모든 것을 두려워하지 않는 사람이 아닙니다. 마땅한 때에 두려워하는 사람도 용감한 사람입니다. 하지만 용기 있는 사람은 큰일이 자신에게 왔을 때 두렵고 무서운 것을 견디며 고귀한 목적으로 선한 행위를 합니다. 용기라는 이 덕목은 지금 당장 제 진로를 결정하는 데에만 영향을 미치는 것이 아닙니다. 시간이 더 흐르고 제가 또 다른 길을 찾아 나서야 할 때 꼭 필요할 것이고, 제가 찾게 될 것입니다. 강요 때문이 아니라, 강렬한 감정 때문이 아니라, 위험을 몰라서가 아니라, 제 의지대로 제가 용기를 찾을 때 그 용기를 실현함으로써 인간의 가장 큰 목적인 행복에 다가설 수 있으면 참으로 좋겠습니다.

저를 비롯한 행복을 찾아 나서는 모든 사람에게 제가 전하고 싶은 말입니다. 행운의 여신은 행운과 불운 둘 다 안겨주는데, 제가 생각하기에 행복은 행운이 찾아왔을 때부터 실현하는 것은 아닌 것 같습니다. 나에게 행운이 찾아오기 전에 마음과 영혼을 살찌우는 준비를 해야 할 것입니다. 그러고 나서 언젠가 행운이 찾아온다면, 그 기회를 꽉 잡고 성실하게 행복을 실현해야 할 것입니다.

지금 우리에게 필요한 것은 상상력입니다

· 전태화(16세) ·

2020년 1월 코로나19 국내 첫 번째 확진자가 발생한 이후, 상상도 못 했던 삶이 펼쳐졌습니다. 모두가 마음을 모으고 힘들게 노력하여 대규모 확진을 겨우 막았나 싶었는데, 대유행이 여러 번 반복되었습니다.

다른 나라에 비해 방역에 성공했다고 하는데, 저와 제 친구들의 얼굴에는 그늘이 많이 졌습니다. 분명 우리는 다 함께 정말 어려운 시기를 지나고 있는데, 생각보다 많은 친구가 지금 이렇게 힘든 이유를 개인적인 방법으로 해소하려고 합니다. 예를 들어 교실의 모습이 그렇습니다. 온라인 수업을 들으면서 수업을 진행하는 선생님에 따라 수업 내용의 질적인 차이가 너무나도 크다는 것을 느꼈습니다. 모든 강의를 직접 영상으로 찍어 올리는 선생님이 계신가 하면, 모든 강의를 인터넷 강의나 출판사에서 제공하는 학습지로 대체하시는 선생님도 계셨습니다. 그 과정에서 피해를 보는 것은 공부를 잘 못하는 친구들뿐이었습니다. 학원에 다닐 수 있거나 과외를 받는 친구들의 경우 온라인 수업을 꼭 듣지 않아도 좋은 성과를 얻을 수 있게 되었습니다. 온라인 수업은 사교육에 더욱 의존하는 교육을 만들었습니다. 수행평가의 비중이 줄어들고 시험의 비중이 높아졌는데, 코로나19로 시험 횟수가 줄어들거나 너무 촉박하게 진행되는 시험 일정 때문에 친구들의 스트레스는 더욱더 커졌습니다.

비단 이런 문제는 교육 현장에서만 일어나는 것이 아닙니다. 결식아동은 따뜻한 밥을 먹지 못한 채로 몇 달을 보냈습니다. 경제가 침체되면서 비정규직은 직격탄을 맞았고, 온라인의 중요성이 강해진 세상에서 디지털 소외계층은 더욱 소외되었습니다. 그러한 와중에도 어떤 기업들은 더욱 이득을 보았습니다. 대표적으로 온라인 플랫폼을 기반으로 한 거대 기업들이 성장했지요. 그런데 이런 문제들은 코로나19 이전에도 있었습니다. 결국 코로나19는 새로운 문제라기보다, 우리가 원래 갖고 있었던 문제를 더욱 도드라지게 하고 있는 것 아닐까요?

그러나 코로나19로 인해 발생한 모든 위기는 완전히 새로운 세상을 만드는 또 다른 기회일지도 모릅니다. 불편하고, 낯설고, 적응하기 어려웠지만 분명 이것은 새로운 세상을 만들 수 있는 기회입니다. 상상해볼 수 있습니다. 코로나19로 온라인 수업을 하면서 선생님이 말씀하시고 학생은 듣기만 하는 일방적인 수업이 얼마나 재미없는 것인지 발견했다면, 궁금한 것을 서로 질문하고 소통하는 그런 활기찬 수업으로 변하는 모습을 상상해봅니다. 또 상상해볼 수 있습니다. 인간이 이동을 최소화하고 자연을 보호하면서 새로운 영역을 구축해나가는 모습을 말이죠. 우리가 이토록 긴밀하게 연결되어 있다는 사실을 깨닫고 서로 더 좋은 영향을 주기 위해 어떤 변화가 개인과 국가 단위, 세계적 차원에서 필요한지 함께 논의할 절호의 기회일 수 있습니다.

어쩌면 우리에게 부족했던 것은 새로운 상상력이었을지도 모른다는 생각이 들었습니다. 혹은 주변에 대한 사소한 관심이, 그 조그만 배려가 부족했을지도 모릅니다. 지금 우리에게 필요한 것은 우리의 생명에, 삶에 정말 보편적으로 필요한 가치가 무엇인지 묻는 것이라는 생각이 들었습니다. 제가 가장 중요하게 생각하는 가치는 사랑, 인류애, 연대입니다. 원하는 고등학교 입시 원서에도 그렇게 썼습니다. 그런데 선생님들께서 저에게 소중해야 할 가치는 지성, 리더십, 통찰력이라고 수정했습니다. 리더십과 통찰력이 어떻게 가치일 수 있는지 너무나도 궁금했지만 다시 묻지 못했습니다. 이 시대가 지향하는 가치가 그것들이라는 게 저도 부끄럽지만 납득이 되었습니다.

> "그림을 보다가 음악을 듣다가 우리는 마음이 움직여 지금 여기의 한계를 넘어 새로운 시간과 공간을 창출한다. 답답한 순간 기지개를 켜면 새로운 기분으로 깨어나듯이. 지금은 새로운 세계를 열어내야하는 혁명의 시대다."
>
> – 오종우, 『예술적 상상력』, 어크로스, 69쪽

정답을 정해놓고 그것에 끼워 맞추기만을 요구하는 사회에서 우리에게 가장 필요한 것은 지속가능한 미래를 위한 상상력입니다. 새로운 가능성에 대해 상상하기 시작한 순간, 그리고 그 상상이 실현되는 순간, 어느새 우리는 지금 이 현실을 바꿀 수 있다는 용기를 얻을 수 있습니다. 그래서 여러분의 이야기가 궁금합니다. 상상력의 시작은 다양한 이야기를 접하는 것뿐만 아니라 나의 이야기를 나누는 것에서부터 올 수도 있기 때문입니다. 어떻게 하면 이 위기를 해결할 수 있지? 지금 내가 살고 있는 세상이 정말 좋은 세상일까? 나만 행복해도 괜찮을 걸까? 꼬리에 꼬리를 무는 질문들 속에서 우리가 꿈꾸는 2040년의 모습을 함께 공유하는 자리가 많아지길 바랍니다.

중학교, 고등학교 학생들은 학교에 가면 왠지 모르게 무기력해지는 경험들을 한다고 말합니다. 삼이 쏟아져 잔다기보다는 습관적으로 눈을 감게 되고, 새로운 것을 보고도 더 알고자 하는 호기심이 생기지 않는다고 말이지요. 질문하고 싶은 것이 있어도 손을 들기 어렵고, 더 심각한 것은 궁금한 것 자체가 없다는 사실입니다. 지적 호기심을 갖고 새로운 진리를 탐구하는 것이 공부라면, 한 마디로 청소년들은 공부가 불가한 상태입니다. 어떻게 하면 이 무기력을 뚫고, 새로운 2040년을 향한 삶의 의지를 되찾을 수 있을까요?

"자신의 마음 깊숙한 곳을 들여다보고, 주변의 자연과 사물들도 그곳까지 데려가, 일렁이는 감성들을 충분히 무르익게 하고, 때로는 예리한 지성의 바늘로 툭 건드리기도 하면서, 마침내 정체되고 아름다운 우리말의 체에 걸러, 노트 위에 한편의 시로 옮겨 적는 길고도 진실하고 순정한 시간. 그것이면 충분했다. 동주의 새로운 시는 절망의 어두운 그늘 속까지, 슬픔의 웅덩이 깊은 곳까지 닿아 본 사람만이 쓸 수 있는 시였다. 어떠한 어려움 속에서도 맑고 고요한 눈을 잃지 않는 사람만이 부를 수 있는 노래이기도 했다."

– 안소영, 『시인 동주』, 창비, 161~162쪽

시인 윤동주에게서 그 해답을 찾습니다. 윤동주의 시 속에는 그 부끄러움이 오롯이 담겨 있습니다. 비록 어두운 시대이지만, 그렇기에 더 지키기 어려웠던 시를 쓰고자 하는 순수한 열망을 포기하지 않았던 그의 용기는 지금도 우리를 깨어있게 하는 진실한 울림으로 남아 있습니다. 그것은 아름다움을 갈망하는 인간의 보편적 마음을 담고 있기 때문일 것입니다. 우리말을 쓸 수 없고, 자유롭게 생각하고 말을 할 수 없었던 시절, 조선인이라는 이유 하나만으로 핍박받아야 했던 그 암흑의 시대에도 끝까지 포기할 수 없었던 선하고 아름다운 것들에 대한 인간의 가장 근원적인 열망이 그의 시가 여전히 우리에게 읽히는 이유가 아닐까요?

지금 이 시대를 살아가는 청소년들의 마음속에도 선하고 아름다운 것에 대한 열망이, 더 나은 세상에 대한 꿈이 있습니다. 현실의 어려움이 있지만, 그럼에도 불구하고 그 꿈을 포기할 수는 없습니다. 물론 단순히 꿈만 꾸거나 혹은 현실을 비판하는 것만으로는 우리가 원하는 세상을 만들 수 없습니다. 어떤 세상을 만들어야 하는가, 무엇이 정말 중요한 가치인가, 그 가치를 뒷받침하기 위한 제도적인 장치는 어떻게 마련할 수 있을까에 대해 일상의 대화 속에서, 정책을 마련하는 기관들에서, 언론에서, 정부에서, 사회 곳곳에서 이야기해야 합니다. 하지만 그만큼 내 안의 소중한 마음을 지켜내는 것 역시 중요합니다. 더 정직하고 진실한 언어를 찾아 끊임없이 읽고 쓰며, 또 그것을 소리내어 말하고 듣고자 하는 청소년들은 분명 전혀 다른 2040년을 만들어낼 것입니다.

3

희망을 지속가능하게 하라

2020년 9월 9일, 그리스의 레스보스 섬에 '모리아'라고 하는 난민 캠프에서 큰 불이 났습니다. 이곳은 약 3천 명을 수용할 수 있는 캠프였으나, 화재가 났을 당시 그곳 난민의 수는 1만 3천 명, 그 시기에 최대 2만 명까지 있었다고 합니다. 수용할 수 있는 인원에 4배 이상이 있었으니, 기본적으로 인간적인 생활이 불가했다는 점을 쉽게 짐작할 수 있습니다. 잠을 자거나 먹는 것도 사람이 많아진 만큼 어려움이 많았을 것이고, 질병에도 굉장히 취약했습니다. 그런 열악한 환경에서 불이 났으니 그야말로 대형 참사였던 것입니다. 기적처럼 다행히 사상자는 없었으나, 캠프가 전소해서 난민들은 그마저도 갈 곳을 잃었습니다.

모리아 캠프 화재 이후에 "우리에게는 아직 자리가 있다"라는 구호를 내걸고 독일 시민 5천여 명이 난민을 적극적으로 수용하라는 집회를 열었습니다. 놀라운 것은 이 집회가 화재가 일어난 바로 다음 날 무려 40개의 도시에서 동시다발적으로 일어났다는 사실입니다. 난민 수용에 대한 논의가 평상시에도 활발하게 있었다는 것, 그래서 시민적 합의가 분명 있었다는 것으로 해석할 수 있습니다. 시위의 결과, 모리아 캠프 난민 1만 3천 명 중 노르트라인-베스트팔렌주에서는 1천 명을, 베를린 시에서는 3백 명을 수용하겠다고 즉각적으로 결정했습니다. 이 외의 다른 시에서도 적극적으로 수용하겠다는 의사를 밝혀, 최종적으로 1,553명의 난민을 수용했습니다. 하지만 이것도 충분하지 않다고 더 받아들이라는 시민과 정당의 목소리가 계속되었고, 그들은 독일뿐만 아니라 유럽의 많은 나라에 난민 수용에 책임을 다하라는 요청을 했습니다.

독일은 왜 난민 수용에 이처럼 적극적일까요? 대단히 마음이 넓은 사람들이어서일까요? 이번뿐만 아니라 2010년부터의 자료를 보면, 독일은 전 세계 망명신청국 1위입니다. 물론 모든 국민이 찬성하는 것은 아닙니다. 난민 수용을 반대하는 목소리도 작지 않습니다. 하지만 결과적으로 난민 수용을 가장 많이 해왔고, 그럼에도 자리가 있으니 더 받자고 말할 수 있는 데에는 분명 이유가 있습니다.

KBS 특파원 리포트 「'난민 더 데려오라'는데…독일 국민들, 왜?」 기사를 참고하면, 세 가지 이유가 있다고 합니다. 첫째, 난민 문제를 다루는 독일 정치권에 대한 국민의 신뢰가 생겼기 때문입니다. 2015년, 시리아 난민으로 고무 보트를 타고 바다를 건너다 그만 바다에 빠져 목숨을 잃고 터키 해변가에서 발견된 아일란 쿠르디 사건 이후 유럽 전역에 난민 수용에 대한 움직임이 일어났고, 독일 정부 역시 난민을 받아들이기로 결정했습니다. 당시 다수의 국민이 난민들이 도착하는 기차역에서 '웰컴'이라 적힌 푯말을 드는 등 환영의 문화를 만들었고, 아일란 쿠르디 사건이 일어난 2015년 9월부터 그해 12월까지 독일이 수용한 난민은 50만 명, 2015년 한 해 동안만 수용한 난민 수가 무려 89만 명이었습니다. 그로부터 5년이 지나면서 난민에 대한 논쟁이 계속 있었지만, 난민 수용으로 인해서 국가의 재정이나 문화적 기반이 흔들리지는 않았습니다. 그러니 이번 사태에도 "우리에게는 난민을 받아들일 수 있는 자리가 아직 있다"라는 구호를 들게 된 것입니다.

두 번째, 난민들이 사회에 필요한 인력이 될 수 있는 사회 구조가 독일에는 있습니다. 난민 중 10대 후반부터 20대 청년들은 사회와 국가에 도움이 되는 건강한 노동력으로 독일 사회에 도움이 되는 인력으로 성장했다는 것입니다. 이것은 독일 교육의 가치관과도 연결해서 생각해볼 수 있습니다. 독일의 교육은 개인의 영달에 맞춰져 있다기보다, 건강한 사회를 만드는 것에 초점이 맞춰져 있습니다. 경쟁보다는 개인의 능력을 사회에 공헌할 수 있도록 잘 키워내는 것이 중요합니다. 그러한 시각이 난민들에게도 마찬가지로 적용된 것은 아닐까요?

마지막으로 가장 중요한 지점, 바로 눈앞의 단기 이익보다 인간적인 가치를 중시하는 문화입니다. 난민을 수용하는 데에는 여러 사회적 비용이 듭니다. 세금도 필요로 할 것이고, 문화적인 충돌도

감수해야 합니다. 하지만 당장 비용이 들더라도 난민들이 처해 있는 비인간적인 수용소를 그냥 두는 것만큼은 용납할 수 없다는 의식이 독일 시민들에게 있습니다. 그것은 나치 역사에 대한 반성과도 분명 연결될 것입니다. 독일의 시민들은 역사의 만행에 대해 철저하게 반성하고 있고, 배척에 대해 예민할 만큼 조심하는 문화가 있다는 것은 잘 알려진 바입니다. 그런 그들에게 난민 수용소의 모습은 충격적이었을 것입니다. 많은 독일 시민이 지금 당장 그 참혹한 수용소를 해체하고, 그들을 받아들이는 것이 인간적으로 옳다는 판단을 했을 것입니다.

단순히 독일 사회를 우상화하거나 동경하는 것이 아닙니다. 난민 수용을 즉각적으로 결정할 수 있었던 이유에 정치적, 경제적, 문화적 요소가 모두 뒷받침되었다는 사실이 중요합니다. 좋은 마음은 누구나 갖고 있습니다. 그러나 좋은 마음이 언제나 좋은 결과로 이어지는 것은 아닙니다. 한 사회가 목표로 여기는 가치가 제도로 구현이 되고, 그 제도가 경제적으로도 힘을 얻어 사람들의 마음 속에서 사라지지 않도록 하는 것. 바로 이러한 순환이 민주주의를 성숙하게 하고, 평화를 가능하게 합니다.

최근 프랑스 정부가 코로나19 확산 방지를 위해 봉쇄령을 내렸는데, 지방자치단체장들이 그것에 복종하지 않겠다는 서안을 냈다는 뉴스를 접했습니다. 인간은 생물학적 존재이기도 하지만, 문화적·사회적 존재이기도 하므로, 오직 바이러스에 대한 방역만으로 인간이 살 수 없다는 주장이었습니다. 봉쇄령으로 '필수'가 아닌 상점들, 서점들의 영업을 금지했는데, 만약 동네의 서점이 문을 닫는다면 배송이 가능한 아마존과 같은 거대 기업들만 몸을 불리게 될 것이고, 그것이 장기적으로는 더 우리 삶을 위협하는 요소가 될 것이라는 비판이었습니다. 정말 중요한 시각입니다.

우리는 우리 스스로를 어떤 존재로 여기는가요? 단지 바이러스로부터 살아남는다고 우리는 행복해질 수 있을까요? 좋은 마음만으로는 절대 이 위기를 이겨낼 수 없습니다. 이 지점에서 독일 시민들이 외친 구호를 생각해봅시다. "우리에게는 아직 자리가 있다." 과연 우리에게는 어떤 자리가 있나요?

자유로워서 정의로운 마음을 가진 사람이 되고 싶습니다

· 김수희(15세) ·

'나는 누구인가'라는 질문에 저 자신도 정확한 답을 모르겠습니다. 저도 궁금합니다. 내가 어떤 사람인지, 나는 진짜로 무엇을 좋아하는지, 나는 무엇을 할 때 가장 행복한지, 나는 무엇에 재능이 있는지 등 수많은 질문이 있습니다. 저는 계속 이런 질문을 던지면서, 제가 살아가면서 추구하고 또 지키고 싶은 가치들을 실현하는 것이 나다운 삶이라 생각합니다.

제가 꼭 이루고 싶은 나다운 모습은 '확실하지 않은 정보를 토대로 남을 깎아내리지 않는 것', '이기적인 거짓말을 하지 않는 것', '눈치 보면서 살지 말고 당당하게 사는 것', '내 옆에 있는 사람들에게 감사하고 소중하게 생각하며 사는 것', '나의 몸, 나의 정신을 잘 보살피고 챙기며 사는 것', '잘못이 있다면 뉘우치고 반성하는 것', '이 세계에 대한 나의 의무를 잘 수행하는 것', '남을 따라 하는 삶이 아닌 주체적인 나만의 삶을 사는 것', '내 삶의 주인이 되어 살 것' 등입니다. 이 소망들을 이뤄내는 과정이 삶이라고 생각합니다. 저는 그런 마음을 갖고 살아가고 싶습니다.

· 임찬우(16세) ·

2019년 12월 4일, 아프가니스탄에서 의료봉사활동을 하던 나카무라 테츠가 괴한의 습격으로 세상을 떠났습니다. 나카무라 테츠는 평생을 전쟁, 빈곤, 난민 생활 등 열악한 상황에서 '살아남는 것'이 전부인 사람들을 위해 일했습니다. 오늘 죽을지 내일 죽을지조차 알 수 없는 상황 속에서도 서로를 배려하고 작은 것에 활짝 웃을 줄 아는 가난하고 병든 사람들을 보며 나카무라 테츠는 인간은 그들이 처한 상황과 상관없이 모두 존엄하다는 것을 진심으로 깨달았죠. 거창한 대의를 세우기보다 당장 눈앞의 사람을 살리는 것에 자신의 모든 것을 바쳤고, 그랬기에 숙는 그날까지 자신이 원하던 삶을 살고 간 나카무라 테츠는 진정한 자유인입니다.

나카무라 테츠가 의술로 국경을 허물고 사람 사이의 희망을 심어주었다면, 디자이너 마수드 하사니는 아프가니스탄에서 또 다른 기술로 사람들을 살리고 있습니다. 그는 아프가니스탄 카불, 사막 변두리에서 어린 시절을 보냈습니다. 군인들이 남겨두고 간 지뢰들 때문에 사람들이 장애를 갖게 되거나 생명까지 위협받는 마을이었죠. 위험해서 더 이상 살기 어려운 고향 땅을 떠나 40차례나 이주해야 했던 난민 생활 끝에 네덜란드에 정착한 마수드 하사니는 디자인 공부를 했습니다. 디자이너로서 자신이 가장 창조하고 싶은 것이 무엇일까 고민하던 마수드 하사니는 어렸을 적 가지고 놀던 장난감 모빌에서 착안해서 바람 부는 사막을 굴러다니며 지뢰를 밟아 제거하는 공 모양의 '마인 카폰'을 만들었습니다.

나카무라 테츠와 마수드 하사니의 '기술'은 생명을 구하는 것으로 아름다운 세계를 만들었기 때문에 '예술'로 발전했다고 생각합니다. 제가 말하는 예술로 발전했다는 것은 인간만이 해낼 수 있는 아주 특별한 능력, 그러니까 인간의 조건을 갖추게 되었음을 뜻합니다. 사실 인간이 하는 모든 활동은 그 대상이 되는 사람이 없으면 아무런 의미가 없습니다. 의술도 아픈 사람이 있어야 펼칠 수 있고, 디자인도 그것을 활용하는 사람에게 행복을 줄 수 있을 때 그 빛을 발합니다. 음식을 하는 것도 먹는 사람이 맛있고 건강하게 먹어야 의미 있고, 책을 만드는 일도 그 책을 읽고 독자가 새로운 질문을 해야 가치 있는 것이겠지요. 지금 당장의 이익에 눈이 멀어 상대를 무시하거나 해를 끼치거나 한다면 결국 그것은 내 삶의 자유와 평화의 영역을 줄이는 일밖에는 되지 않습니다.

물론 그렇지 않다고 누군가는 반문할 수 있습니다. 자기 이익만 잘 챙기는 사람들이 누구보다 떵떵거리며 이 사회에서 살아가지 않느냐고, 오히려 가진 것이 없어도 베풀며 산 사람들이 더 피해를 보며 어렵게 살지 않느냐고 말이지요. 하지만 그 사회에서 눈물을 흘리며 고통받는 사람들이 있다는 것도 분명한 사실입니다. 눈물뿐인가요, 피를 흘리며 쓰러지는 사람들도 있습니다. 그게 정상인가요? 그래도 되나요? 이기적인 사람들이 잘사는 것보다 우리가 더 주목해야 할 것은 아무 죄 없이 고통받는 사람들이 있다는 현실입니다. 그것은 잘못되었고, 고쳐야 합니다. 정의롭지 않은 사회를 견디고 있을 이유가 없습니다.

전염병의 공포가 온 사방에 스멀거리는 지금 우리 사회에서, 인간성은 당장의 식량보다 더 중요한 것임을 뼈저리게 느낍니다. 전염병에 대한 공포가 혐오의식으로 번져, 아픈 사람들을 쳐다보는 시선이 나빠지는 것은 그 병에 져서 인간성을 잃어버리는 것과 같습니다. 아픔에 공감하는 것만으로도 위기에 처한 사람들에게는 힘이 될 텐데 말이죠. 나카무라 테츠는 몇 번이고 자신을 향한 총구들에도 불구하고 사람을 살리는 일을 포기하지 않았습니다. 마수드 하사니는 마인 카폰에서 만족하지 않고 몇 년에 걸쳐 실질적으로 지뢰를 제거하는 마인 카폰 드론을 개발해냈습니다. 우리 앞에도 그들과 같은 시련이 찾아올지 모릅니다. 그때 자신을 향한 총구에 의연하게 맞섰던 나카무라 테츠의 용기, 수많은 실패에도 포기하지 않고 새로운 시도를 해낸 마수드 하사니의 희망을 가진다면 그들과 같은, 혹은 더 위대한 삶을 이뤄낼 수 있을 것입니다. 위대한 삶이란 자유인의 삶이고, 정의로운 삶이며, 행복한 삶입니다. 그런 삶을 살아보고 싶지 않은 사람은 없을 것입니다. 당장 저부터 꼭 그런 삶을 살아내고 싶기 때문입니다.

지속가능한 미래를 만드는 사람이 되고 싶습니다

· 전태화(16세) ·

2020년 6월, 파리 시장 안 이달고가 '파리를 위한 선언(Le manifeste pour Paris)'이라는 시정계획을 발표했습니다.

"우리를 위협하는 위기에 맞서기 위해, 사회적 정의와 환경 보호는 모든 정책의 중심에 놓여야 한다. 경제적 효율성을 이유로 에콜로지(생태)에 대한 야심을 포기할 때가 아니다. 우리의 도시가 회복될수록 우리의 건강 또한 잘 지켜질 수 있다. 따라서 에콜로지는 그 어느 때보다 미래를 위한 가치의 중심에 놓일 것이다."

– 안 이달고

향후 파리의 도시계획을 두고 좌파들은 사회임대주택 건설을, 신자유주의자들은 새로운 상업지구를 원했지만 녹색당은 그것을 모두 거부하고 더 많은 녹색지구, 숲을 조성하기를 요구했다고 합니다. 그리고 파리 시장인 안 이달고는 녹색당의 손을 들어주었습니다. 파리에 거대 빌딩 6개를 지을 예정이었지만 이 계획을 모두 무산시켰고, 블로뉴, 뱅센에 이어 세 번째 숲을 조성할 예정이라고 합니다. 시장 혼자 결정한 것이 아닙니다. 시민들도 적극 동의했기 에 가능한 일이었습니다. 이런 결정이 가능한 사회라는 것이 정말 부러웠습니다. 녹색도시로 변한 파리의 청사진을 보았는데 우리가 사는 도시도 생태적이고 아름다운 모습으로 바꾸어갈 수 있다면 정말 좋을 것 같습니다.

또, 독일에는 환경 수도가 있습니다. '태양의 도시'라고 불리는 프라이부르크인데요. 1970년대 프라이부르크 시민은 독일 정부가 인근 마을에 핵발전소를 건립하겠다고 발표하자, 프라이부르크의 아름다운 자연을 해칠 수 없다며 목소리를 내어 핵발전소 건립을 무산시키는 데 성공합니다. 이후 시민 목소리를 내변할 녹색당 소속 시장을 독일 최초로 선출하며 재생에너지와 친환경교육 등의 정책을 대대적으로 펼쳐 나갔습니다. 프라이부르크 시민들은 경제 성장을 위한 핵발전이 아니라 미래세대가 누릴 자연이 더 소중하다고 생각했고, 환경을 지켜내는 세상을 상상하며 새로운 세대를 기르는 환경교육센터 '에코스테이션'을 세웠습니다. 프라이부르크 교육의 가장 중요한 목표는 생명에 대한 이해와 생태적 감수성을 갖는 것이라고 합니다. 환경교육을 한 지 약 40년, 프라이부르크는 도시 전체가 친환경공간이 되었습니다.

바로 이런 전환이 필요하다고 생각합니다. 지금은 어렵고 불가능해보이겠지만, 새로운 세대를 양성하고 새로운 시대적 가치를 선택하는 것. 그것은 불가능한 것이 아니라고 생각합니다. 할 수 있다는 신념과 단호한 선택이 지금 당장 필요합니다. 그런 비전을 갖고 지속가능한 삶을 향해 앞으로 나아가는 사람이 되고 싶습니다.

· 송현진(19세) ·

흔히들 수능을 12년 공부의 끝이며, 열매라 말합니다. 그러나 저는 수능을 친 후 그 어떤 뿌듯함이나 후련함을 느끼지 못했습니다. 저에게 수능은 중요하지 않았기 때문입니다. 현재 대한민국의 정규 교육 과정을 지나는 학생들에게 공부는 오롯이 수능만을 위해 이루어집니다. 좋은 인간으로 사는 것과는, 심지어 우리 교육의 목적인 '민주시민을 기르는 것'과는 하등 상관없는 이야기들만 가득합니다.

제가 12년 동안 배운 지식은 절반 이상 곧 잊힐 것입니다. 결과적으로 우리는 12년이라는 굉장히 긴 시간 동안 대개 우리 삶에 쓸모없는 것들을 배우며 살아온 것입니다. 이렇게 지식의 암기식 교육이 이제 필요 없는 시대가 왔다는 것을 모두가 인터넷이나 스마트폰 등을 이용하면서 체감하고 있는데, 이상한 일입니다. 이 방식을 포기하지 못하는 이유가 단순히 다수가 그렇게 한다는 것, 또 그것이 분별력이 있다는 것밖에는 없습니다.

더 이상한 것은 아마 큰 변화가 없는 한 앞으로의 삶도 이전과 비슷한 형태를 유지할 것이라는 사실입니다. 자기계발서나 성공한 누군가의 강연을 듣고 그들이 했다는 대로, 혹은 자기 주변의 다른 사람들이 하는 대로 행동합니다. 마치 잘 포장된 고속도로를 가는 것처럼 말입니다. 그렇게 시간을 보내는 동안 우리는 생각을 별로 하지 않습니다. 그저 따라가기만 해도 되니 말입니다. 이 방식이 옳은 것인가에 대해서는 질문하지 않습니다. 질문한다고 하여도 다시 원상태로 되돌아옵니다. 그 질문에 대답하기 위해선 우리는 지금까지 잘 지켜 걸어오던 길에서 잠시 멈추거나 벗어나야 하기 때문입니다.

스웨덴 소녀 그레타 툰베리는 모두가 가는 그 길에서 뛰쳐나간 사람 중 한 명입니다. 그레타는 수업 시간에 환경 오염에 대해 배웠고 깊이 절망했고 슬퍼했습니다. 그리고 자신의 삶을 바꿨습니다. 그레타는 끝없이 기후위기에 대해 말하고 행동합니다. 채식을 시작했고 비행기를 타지 않습니다. 인터뷰하고 연설을 합니다. 그리고 금요일마다 학교에 가지 않는 대신 '미래를 위한 금요일'이라는 이름으로 전 세계 청소년들과 함께 기후위기를 알리는 시위를 합니다. 이유는 단순합니다. 지구가 위기에 처해 있고, 해결하기 위해선 위기라는 사실을 모두가 인지해야 하기 때문입니다. 그레타 툰베리는 자신의 미래를 위해, 인류의 미래를 위해, 지구의 미래를 위해 지금 모든 것을 걸고 맞서 싸웁니다.

그레타 툰베리만의 일은 아닙니다. 마하트마 간디, 라울 발렌베리, 마틴 루터 킹, 레이첼 코리, 말랄라 유사프자이…. 세계를 선하게, 모두에게 이로운 방향으로 바꾸려 노력한 이들은 모두 이 세계를 정확히 알고자 노력했고, 진실에 눈뜬 순간 옳은 행동을 했습니다. 그리고 사람들에게 말했습니다. 평화를 지키자고, 모두는 자유롭고 평등하다고, 불의에 저항하자고, 모두에게 기회를 주자고, 미래를 위해 행동하자고 말입니다. 그 말을 들은 사람들은 생각합니다. 평화에 대해, 자유에 대해, 정의에 대해. 그리고 각자가 할 수 있는 실천을 합니다. 누군가는 책을 쓰는 방법으로, 누군가는 새로운 발명품을 만드는 방법으로, 누군가는 교육의 내용을 바꾸고, 누군가는 삶의 양식 전체를 바꾸기도 합니다. 보편적으로 옳은 가치는 모두의 삶을 구체적으로 변화시킬 힘이 있습니다. 그렇게 세상은 바뀌어 왔습니다.

다시 수능의 문제로 되돌아가 봅니다. 대한민국 사회는 수능을 통해 사람들을 평가하고 분류합니다. 꼭 수능이 아니더라도 그런 규격화된 시험과 자격증으로 사람을 나눕니다. 국어는 몇 등급, 토익은 몇 점, 연봉은 얼마, 이런 식으로 말입니다. 그러나 과연 삶은 그렇게 누군가에게 '부여되는 것'으로 존재가치가 생기는 것일까요? 아닙니다. 삶은 스스로가 선택하고 구성하는 것입니다. 내가 어떤 가치를 추구하는 존재이고자 하는지, 내가 어떤 영향을 미치는 사람이 되고 싶은지, 내가 궁극적으로 원하는 삶은 어떤 모습인지, 나를 지탱하고 구성하는 말은 무엇인지 생각해야 합니다. 그 생각 끝에는 반드시 모두에게 이로운 보편적인 가치가 떠오를 것입니다.

"하지만 래리, 그런 질문들은 수천 년 전부터 사람들이 물어온 것들이잖아. 만일 해답이 있다면 벌써 밝혀졌을 거야."

– 서머셋 모옴, 『면도날』, 민음사, 117쪽

지금 제가 생각해보자고 말하는 것들은 이미 옛날 옛적부터 사람들이 물어오고 답을 찾아오던 것들입니다. 그리고 여전히 답이 없는 것들이기도 합니다. 그렇기에 끊임없이 질문하고 생각하고 답을 찾자고 말하고 싶습니다. 답이 없어도 절망하지 말자고 말하고 싶습니다. 답이 이미 정해져 있다면 우리 삶은 존재 이유가 없을 것입니다. 살아갈 이유는 바로 내 삶을 이끌 소중한 가치를 찾는 여정에 있을 것입니다.

4

우리는 정의로운 세상을 꿈꾸는 청소년이다

우리는 살면서 다양한 정체성을 가지게 됩니다. 성별, 나이, 소속, 지역, 종교 등 수많은 이름이 우리를 정의합니다. 그중에서도 '청소년'은 유독 애매한 정체성입니다. 아직 어른이 아니기에 너무 성숙해서도 안 되고, 그렇다고 어린애처럼 마냥 순진할 수도 없습니다. 완벽히 정해진 것이 없어 무궁무진한 가능성의 존재이기도 하지만, 사회적으로 제약이 많아 진정한 자유를 찾기가 쉽지 않은 것이 한국에서 청소년의 위치입니다. 이렇게 애매한 것이 청소년이니, 그냥 이렇게 살아도 괜찮은 것일까요?

『우리는 난민입니다』는 2014년 노벨 평화상 수상자인 말랄라 유사프자이가 만난 전 세계 여성 난민들의 이야기를 담은 책입니다. 이유도 모른 채 동생과 헤어진 자이나브의 이야기, 어릴 적 조국을 떠나와 오히려 자신의 나라가 더 낯선 파라의 이야기, 고향의 과실

르완다 난민 캠프를 방문한 말랄라 유사프자이

© 유엔난민기구

나무를 다시 볼 수 있기를 꿈꾸며 하루하루를 살아내는 마리아의 이야기…. 그녀들은 모두 난민이라는 같은 처지에 있었지만, 각자가 처한 상황과 살아온 이야기는 모두 다릅니다.

"자타리 난민 캠프에 갔을 때 유니세프 안내인으로부터 한 소녀 이야기를 들었다. 소녀의 이름은 무준이었고, 그 캠프에서 난민 교육에 열정을 쏟고 있다고 했다. 나는 무준에게 묻고 싶은 것이 많아졌다. 무준을 만나러 그의 텐트로 갔다. 무준은 부모와 두 남동생, 여동생, 그리고 다른 친척 두 사람과 함께 지내고 있었다. 복잡하고 좁았지만 모두 나와 내 아버지를 반겨 주었다. 그들이 처한 상황에 관심을 가지는 사람이 있다는 데 안도한 것 같았다.

무준은 영어를 아주 조금밖에 할 줄 몰랐지만 그건 문제되지 않았다. 반짝이는 그의 눈과 얼굴에 가득 찬 희망이 언어 장벽을 무너뜨려 주었다. 서로의 마음이 분명 통했다. 그날 이후 나는 종종 무준을 생각했다.

잠시 연락이 끊겼던 우리가 다시 만났을 때, 무준의 가족은 아즈라크 인근 난민 캠프로 옮겨 가 있었다. (중략) 사람들은 무준을 '시리아의 말랄라'라고 부르고 있었지만, 나는 그가 시리아의 무준임을 알고 있었다."

– 말랄라 유사프자이, 『우리는 난민입니다』, 문학동네, 95~96쪽

책에 소개된 모든 소녀들은 '난민'이란 단어 하나로 정의할 수 없는, 각자의 방향에서 꿈꾸고 희망하는 존재들입니다. 그래서 "우리는 난민입니다"라는 문장에는 '배움에 대한 열망을 이어가는', '더 나은 삶을 위해 행동하는'. '더 나은 미래를 희망하는'이라는 말이 숨겨져 있다고 생각합니다.

우리 역시 마찬가지입니다. 우리는 모두 청소년이지만 모두 다른 꿈을 꾸고 행동하는, 모두 다른 이야기를 가진 존재들입니다. 그렇다면 여러분은 어떤 청소년인가요? 어떤 청소년이 되고 싶은가요? "우리는 청소년입니다"라는 말에 담고 싶은 청소년으로서 각자의 정체성에 대해 함께 이야기해보았습니다.

우리는 건강을 지킬 줄 아는 청소년입니다

· 박시은(14세) ·

요즘은 건강이 정말 중요한 시기입니다. 그러나 우리는 신체적 건강만 생각하는 것 같습니다. 조금의 감기 증세만 생겨도 코로나바이러스로 오해하고 큰일이 난 것처럼 여기면서, 청소년에게 정말 중요한 정신적 건강은 신경도 안 쓰고 있습니다. 한국의 많은 청소년이 학교에 다니며 친구 관계, 가족 관계, 시험, 입시 등 과도한 스트레스를 받고 있습니다. 하지만 그 스트레스를 어떻게 푸는지는 잘 모릅니다. 저도 스트레스를 받으면 계속 쌓아두기만 합니다. 정신적으로 건강하지 못한다면 코로나19를 이겨낸들 우리 삶은 어떤 의미가 있을까요? 우리의 정신과 영혼에 더욱더 깊이 관심을 가지고 자기 자신을 좀 더 잘 알아가는 것이 가장 중요한 시기이지 않을까 생각합니다.

· 이연경(18세) ·

어른들이 "건강이 최고다"라고 종종 말씀하시는데, 그 말을 진지하게 생각해본 적이 없었습니다. 그러나 점점 오염된 환경, 위험한 먹거리, 스트레스를 주는 주변 환경들로 많은 사람들이 병들게 되었습니다. 특히 우리 청소년들은 성적과 시험을 위해 운동도 안 하고 가만히 앉아서 공부만 하고, 잘 시간에 자지 못하고 카페인과 에너지 드링크로 억지로 하루하루를 버티고 있습니다. 또 학원 시간에 쫓겨 패스트푸드나 편의점 음식으로 대충 한 끼를 때우는 청소년들이 많아졌습니다. 성적으로 남을 이기기 위해 나의 건강까지 망치는 공부는 정말 바보 같은 짓입니다.

건강은 부모님이 지켜주는 것이 아닙니다. 나를 위해 내가 스스로 지켜나가야 합니다. 공부하고, 친구와 우정을 쌓고, 미래를 위해 책임을 지고, 정의를 지키기 위해 노력하고, 올바른 생활을 실천하고, 나를 위해 시간을 쓰는 것 모두 다 좋습니다. 이 모든 것이 신체와 정신의 건강을 지킬 줄 알아야 가능해집니다. 우리 모두가 건강을 지킬 줄 아는 청소년이면 좋겠습니다.

우리는 배움의 즐거움을 알고
꿈을 포기하지 않는 청소년입니다

· 박유진(16세) ·

기말고사를 친 후 진심으로 학교에 가기 싫었습니다. 저는 학교를 정말 좋아하는 청소년이고 지금까지 학교에 가기 싫다는 생각을 한 번도 해본 적이 없는데, 이번에 처음으로 그런 생각을 한 것입니다. 이유는 아주 간단합니다. 시험을 망쳤기 때문입니다. 공부하기 싫다고 하는 친구들, 학교가 너무 싫다고 하는 친구들이 싫어하는 건 배움 그 자체라기보다는 오직 시험 결과로만 모든 것을 판단하는 현실 때문 아닐까요? 사실은 모두 좋아하는 공부를 자유롭게 하면서 배움의 즐거움을 찾고 싶어하는데 말입니다.

· 최승원(15세) ·

학교는 늘 우리에게 꿈을 꾸라고 하면서 정작 그렇게 하지 못하게 합니다. 하지만 저는 인디고 서원에서 친구들과 함께 책을 읽고 토론하고 글을 쓰며 다시 꿈을 꾸게 되었습니다. 그 꿈은 단순히 제가 좋은 대학에 간다거나 어떤 직업을 갖고 싶다는 것이 아닙니다. 제가 조금 더 나은 사람이 되고, 우리가 사는 사회가 조금 더 나은 곳이 되길 바라는 꿈이지요. 그 모습은 정확히 어떤 것인지 알 수 없습니다만, 그러니 더욱 열심히 공부하면서 꿈을 꾸는 것 아닐까요?

저뿐만 아니라 더 많은 학생이 계속해서 꿈꾸기를 멈추지 않으면 좋겠습니다.

· 김숲(16세) ·

고등학교 입학 원서 작성일이 다가올수록 친구들의 가정환경을 알고 싶지 않아도 자연스럽게 알게 되고, 각자의 경제적인 상황이 진로에 영향을 끼치는 모습을 보게 됩니다. 제 친구 중 하나는 자기가 태어날 때부터 의사가 될 운명이라고 말합니다. 부모님을 포함해 집안 사람 모두가 의사라, 자기가 병원을 물려받아야 한다고 말이죠. 반면에 경제적으로 조금 어려운 환경에서 자라온 친구는 실업계 고등학교에 가서 기술을 배우겠다고 합니다. 그 분야에 관심이 있냐고 물어봤더니, 그렇지 않고 부모님도 그랬고 공부할 형편이 안 되니 그렇게 해야 한다고 말합니다. 집안이 넉넉한 친구든 그렇지 않은 친구든 전부 자신이 처한 상황을 당연하게 여기는 듯했는데, 저는 그 사실이 참 무서웠습니다.

자신이 자라온 환경 때문에 꿈이 결정되는 모습에 마음이 불편합니다. 자신의 의지로 선택하지 않은 꿈을 이야기하는 친구들의 얼굴은 썩 밝지 않습니다. 저는 경제적 형편에 따라 꿈을 결정하는 이 상황을 반드시 바꾸고 싶습니다.

우리는 감정을 느낄 수 있는 청소년입니다

· 이유진(16세) ·

춤을 좋아하는 제 친구는 춤을 출 때 느끼는 감정을 말할 때면 얼굴에 웃음꽃이 핍니다. 또 어떤 친구는 음악을 좋아해서 점심시간에 흘러나오는 음악을 따라부르며 친구들과 웃습니다. 또 다른 친구는 그림 그리기를 좋아해서 학교 대회에 나가기도 하고, 친구들에게 보여주기도 합니다. 생명에 관심이 많은 친구는 아무도 신경쓰지 않던 교실 뒤의 화분에 물을 주고 잘 자라 꽃을 피운 화분을 보며 웃습니다. 또 어떤 친구는 궁금한 걸 물어본 친구에게 친절하게 답해주고 고맙다는 말을 들으면 웃음을 짓습니다. 말하기를 좋아하는 친구는 사소한 거라도 놓치지 않고 잡아내 친구들에게 큰 웃음을 줍니다.

똑같은 교복을 입고 비슷한 머리 모양을 하고 있는 것 같지만, 가까이 들여다보면 우리는 각기 다른 색으로 환히 웃는 무지개 같습니다.

· 김희상(15세) ·

저는 인간에게 공감 능력이 태초부터 있었다고 생각합니다. 지금 살아 있는 우리가 그 증거라고 생각합니다. 공감할 수 있었기 때문에 지금의 인간이 있는 것이지요. 어릴 땐 공감을 못 하는 사람이 이상하다고 생각했습니다. '앞에 힘든 사람이 보이는데 어떻게 안 도와주지'라는 생각을 당연하게 했습니다. 그런데 제가 어느 순간부터인가 다른 사람을 돕지 않는 일에 이상함을 느끼지 않게 되었습니다. 이제 저도 '굳이 도와줄 필요가 있을까'라는 생각이 먼저 듭니다.

저는 이대로는 안 된다고 생각합니다. 다른 사람의 아픔과 슬픔에 공감하지 못하면 우리가 살아남지 못할 수도 있습니다. 때로는 공감하는 것이 더 힘들 때도 있지만, 저는 인간으로서 선한 본성을 잃고 싶지 않습니다.

우리는 행동하는 청소년입니다

· 김예린(15세) ·

청소년만이 꼭 해야만 하는 일, 할 수 있는 일이 있습니다. 예를 들어 교육환경을 바꾼다거나, 공부 때문에 스스로 목숨을 끊는 학생들을 구하는 것입니다. 청소년의 마음을 제일 잘 아는 것은 바로 청소년이기 때문입니다. 저는 청소년으로서 또래의 사람들을 구하고 싶습니다. 그렇기 때문에 어른들이 말하지 않는 우리 사회와 교육의 부조리함을 알릴 것입니다.

· 김수희(15세) ·

다른 사람들과 함께 공존하며 살아가는 것을 연습하고 알아가는 곳이 바로 학교입니다. 하지만 지금 우리는 그런 교육의 참된 목적과는 반대로 생각하고 행동하고 있습니다. 우리는 학교에 다니면서 이기적인 마음으로 나 혼자만 잘하고 싶은 마음을 갖게 됩니다.

저도 인디고 서원에서 책을 읽으며 함께 공존하며 자유롭게 살아가는 세상의 아름다움을 배웠습니다. 하지만 저는 그러한 삶을 실천하지 못하고 있습니다. 그런 세상을 꿈꾸기는 하지만 항상 시험의 굴레에서 벗어나지 못하고, 등급이나 등수가 내려갈까봐 불안해하며 신경 씁니다. 전혀 자유롭지 못합니다. 친한 친구라도 학교에서는 경쟁자가 되어야 하며, 노트 필기나 숙제를 보여주는 행동도 불편합니다.

그래서 저는 배운 것을 실천하는 청소년이 되고 싶습니다. 시험의 굴레에서 벗어나 자유로운 삶을 살아가는 것, 시험을 잘 치기 위한 공부가 아닌 나를 위한 진짜 공부를 하는 것, 친구들과 같이 잘되고 공감하는 것. 그것이 더 행복하고 옳은 삶이라는 것을 알고 있습니다. 그 앎을 실천하는 공부를 해나갈 것입니다. 그것이 교육의 참된 목적을 실천하는 일일 것입니다.

전 세계 청소년들의 기후정의 행동을 이끌고 있는 그레타 툰베리의 삶을 담은 다큐멘터리 영화의 제목은 〈나는 그레타(I Am Greta)〉입니다. 그레타는 심각한 기후위기에도 불구하고 대책을 세우지 않는 세계에 분노했고, 그로 인해 우울증, 함구증, 아스퍼거 증후군이라는 개인적인 아픔을 겪어야 했습니다. 게다가 괴짜라는 친구들의 따가운 시선과 따돌림마저 견뎌야 했지요. 하지만 자신이 얻은 고통이 개인의 문제에서 비롯한 것이 아니라, 사회가 겪고 있는 아픔이라는 문제의 본질을 직시했던 그레타는 등교 거부라는 방식으로 목소리를 내기 시작했고, 그녀의 목소리는 점점 더 많은 사람에게 공감을 얻었습니다.

말랄라 유사프자이의 책 제목 역시 자신의 이름을 건 『나는 말랄라(I Am Malala)』입니다. 말랄라 유사프자이도 개인적인 아픔을 겪었습니다. 여자라는 이유로 교육 받을 권리를 빼앗겼기 때문입니다. 하지만 말랄라 역시 그 문제는 자신이 감내해야 할 개인적인 아픔이 아님을 간과하지 않았습니다. 자신이 겪고 있는 어려움은 교육 받을 보편적인 인간의 권리에 대한 문제였기에 납치, 살해, 폭탄테러와 같은 극악무도한 폭력의 희생자가 될 수 있음에도 부당한 현실에 목소리를 내는 것을 멈추지 않았지요. 결국 탈레반의 총에 맞아 사경을 헤매기도 했지만, 다시 살아난 그녀는 더욱 강력하게 여성과 아동의 교육 받을 권리를 위해 실질적인 변화를 만들어내는 전 세계적인 리더로 활동하고 있습니다.

그레타와 말랄라. 두 여성은 모두 사회적 약자의 입장에 서 있었습니다. 여성이라는 이유로, 어리다는 이유로, 평균적이지 않다는 이유로…. 하지만 그들은 피해자로 머물러 있지 않았고, 자신의 이름을 말하며 그들이 누려야 할 마땅한 권리를 외쳤습니다. 그녀들의 이름은 개인의 것이었지만, 그 목소리는 보편적인 것이었습니다. 그레타와 말랄라가 자신의 이름을 걸고 말을 한 것은 나의 아픔과 이 세계가 연결되어 있다는 세계시민적인 목소리이며, 나의 행복은 곧 인류의 평화로 이어진다는 정의로운 믿음이 있었기 때문입니다.

자신의 이름을 말하며 개인적인 경험을 이야기하지만 그 속에 인류 전체가 공유할 보편적인 정의의 세계를 담는 것. 이것은 새로운 시대의 혁명 방식입니다. 오늘날 정의롭고 자유로우며 평화로운 세계를 만들기 위해 필요한 혁명은 개인의 행복과 세계의 정의를 모두 충족시키는 것이어야 하기 때문입니다. 완벽히 분리독립된 개인은 없다는 사실, 우리는 모두 전 지구적 공동체의 일원이라는 깨달음, 그리고 나의 행복 없이 사회 정의를 지키는 일은 지속가능성이 없다는 사실을 우리는 알고 있습니다. 코로나19라는 대규모 전염병의 경험을 통해, 기후변화라는 절체절명의 위기를 통해, 인류 역사상 가장 극심한 불평등을 통해 말이지요.

여러분의 이름을 걸고, 내가 이루어내고 싶은 새로운 시대의 정의로운 혁명은 무엇입니까? 여러분이 만들고 싶은 정의로운 세상은 어떤 모습입니까?

새로운 2040년을 향하여

〈2040〉 감독 데이먼 가뮤

2020. 8. 30.

"우리는 급격히 악화되는 환경에 직면하고 있습니다. 2040년, 우리의 자녀들에게 세상은 어떻게 보일까요? 만약 우리가 이미 존재하는 최선의 방법을 받아들인다면 분명 희망은 있습니다. 당신의 2040년은 어떤 모습입니까?"
- 데이먼 가뮤, 영화 <2040> 중에서

호주에서 활동하는 배우이자 감독 데이먼 가뮤는 이제 막 세상에 관심을 갖기 시작한 어린 딸이 성인이 될 때쯤 세상은 어떤 모습을 하고 있을지 상상했습니다. 석유와 석탄이 고갈되어 에너지가 권력이 되고 불평등의 원인이 되는 세상, 쓰레기가 곳곳에 가득하고 전염병이 일상이 된 세상, 인간이 감당할 수 없는 자연재해가 끊임없이 일어나고 그로 인한 피해가 상상을 초월하는 세상. 그는 그런 세상을 만들고 싶지 않았고, 완전히 다른 미래를 여는 최선의 선택이 무엇일지 찾아 떠나는 영화 〈2040〉을 제작했습니다.

데이먼 가뮤는 공동체와 삶 전반에 걸쳐 지금 존재하는 최상의 해결책이 실현된다면 2040년 세계는 더 나은 모습이 될 것이라 기대합니다. 지속가능한 미래를 위한 최선의 선택은 무엇일까요? 여러분은 어떤 2040년을 꿈꾸나요?

여러분의 2040년은 어떤 모습입니까?

데이먼 가뮤: 제가 영화 〈2040〉을 만든 이유는 당시 두 살이었던 제 딸의 미래에 대해 아빠로서 불안을 느꼈기 때문입니다. 미디어에서 보여주는 것들은 불안함을 느끼기 충분했습니다. 플라스틱 쓰레기가 넘쳐난다든지, 기후변화가 심각하다든지, 북극곰이 죽는다든지 하는 이야기들 말이지요. 하지만 해결책은 전혀 제시되지 않았습니다. 딸에게 나쁜 이야기만 해줄 수 없다고 생각했고, 무엇을 할 수 있을까 고민했습니다. 1년 동안 조사하고 사람들을 만나 해결책을 모색하는 과정을 통해서 이 영화를 만들게 되었습니다. 동시에 저 자신이 그랬듯이 많은 사람에게 행동의 변화를 어떻게 하면 만들 수 있고, 그 행동의 변화를 통해 어떤 세상을 만들 수 있

데이먼 가뮤

을지에 대한 비전을 영화에 담았습니다.

제가 영화를 만들면서 가장 먼저 만났던 사람들은 환경심리학자들이었습니다. 그분들이 제게 들려준 이야기 중에 가장 기억에 남는 것은 인간이 불안이나 절망과 관련된 이야기들을 계속 들으면 대뇌피질을 비롯한 뇌의 상당 부분이 문을 닫아버린다는 사실입니다. 즉, 부정적인 이야기를 많이 들으면 창의력이 떨어지고, 새로운 미래를 생각할 수 있는 가능성 자체가 차단된다는 것이지요. 자연환경의 나쁜 점만 보면 우리 뇌의 메커니즘 자체가 악순환을 반복하게 된다는 것입니다. 인간은 본능적으로 희망의 메시지가 필요합니다.

〈2040〉 영화 포스터

그래서 저는 완전히 새로운 형식의 미래를 볼 수 있는 희망의 이야기를 만들어야 한다고 생각했습니다.

제가 〈2040〉 영화를 만들게 된 여러 가지 동기 중 하나는 기후변화에 대한 진실을 사람들에게 설득하고 싶다는 마음이었습니다. 사람들은 사실에 의해 설득이 된다고 대부분 말을 합니다만, 저는 사람들이 스토리텔링을 통해 상상력을 충분히 자극받을 때 이해를 더 잘 한다고 생각합니다. 저는 상상력이 사라진 이 시대에 사람들에게 보다 나은 삶이 가능할 수 있다는 사실을 반드시 보여줘야 하겠다고 마음을 먹었습니다. 그래서 자원을 좀 덜 쓰고, 덜 바쁘게 살아도 충분히 더 나은 삶이 가능하다는 사실을 최대한 효과적으로 영화에 담았습니다. 그래서 데이터라든지 사실 정보를 전달하기보다, 컴퓨터 그래픽을 통해서 더 나은 삶의 모습을 구현했고, 사람들이 충분한 흥미를 가져 새로운 삶이 가능하다는 상상력을 유발하고자 했습니다.

제가 영화를 통해서 여러분께 들려주고 싶었던 또 하나의 메시지는, 사실은 기후변화라고 하는 것이 독립적인 하나의 문제가 아니라 그저 증상에 불과하다는 점입니다. 기후변화는 토양이나 삼림이 파괴되는 문제, 화학약품을 쓰는 문제, 또 바다에 버려지는 플라스틱 쓰레기 문제 등이 복합적으로 연결되어 있습니다. 그래서 우리가 그 문제를 해결하기 위해서는 그저 기후변화에만 집중할 것이 아니라 에너지, 운송, 농업 등에 달하는 많은 문제를 총체적으로 보는 시각이 필요합니다. 이 모든 문제를 해결할 수 있는 단 하나의 묘책은 사실 존재하지 않습니다. 구조를 봐야 하고, 우리가 자원을 어떻게 소비하고 있는지 보아야 합니다. 예를 들어 지구가 우리에게 제공해주는 자원을 500억이라고 본다면, 우리가 그것의 두 배에 달하는 1천 억이 넘는 에너지를 소비하고 있다는 사실을 알 필요가 있습니다. 그것이 바로 기후변화의 원인입니다. 삶의 전반적인 변화가 필요한 부분이지요. 재생에너지에 투자하는 것만으로 기후변화를 해결할 수 없습니다. 그보다 훨씬 복잡한 문제입니다.

제가 영화와 책을 세상에 내놓은 지 1년이 넘었습니다. 유럽이나 뉴질랜드, 미국 등지에 많은 사람에게 호평을 받기도 했습니다만, 제가 영화와 책을 통해 꼭 해내고 싶은 것은 공동체의 변화를 만드는 일입니다. 실제로 몇몇 공동체에서 해결책을 만들고자 하는 노력을 직접 해내고 있습니다. 저는 이 운동을 이어가기 위해 홈페이지(whatsyour2040.com)를 만들었습니다. 홈페이지에 방문하는 사람들에게 개인의 관심사, 자신이 가지고 있는 열정 등을 물어보고, 그들이 실제로 행할 수 있는 해결책, 도움이 될 수 있는 방법을 제공하고 있습니다.

저는 그러한 변화가 엄청나다고 생각합니다. 영화에서도 보셨다시피 탄소를 저장하고 바다를 정화하며 식량까지 제공하는 해조류를 만드는 데에 사람들이 투자하기 시작했고요. 또 지역 주민을 전기를 소비하는 수동적인 역할에서 전기를 생산하고 공유하는 적극적인 역할로 바꾸어주는 '마이크로에너지'에도 많은 사람이 투자하기 시작해 현재 33개의 새로운 마을로 확장되었습니다. 농업에 종사하는 분들을 재교육시키는 일이나, 학생들에게 교육자료로 이 영화가 실제로 사용되는 등 긍정적인 변화들이 실제로 일어나고 있습니다. 저는 정말 많은 사람이 열정을 갖고 있으며, 실제로 기회가 주어졌을 때 얼마나 변화를 만들고자 열망하는지를 직접 눈으로 보았습니다.

사람들은 이제 절망과 무기력의 이야기들에는 지긋지긋해합니다. 인간으로서 우리가 서로 맺고 있는 관계, 자연과 맺고 있는 관계를 새롭게 이야기하고 정립하는 시도들을 더욱 긍정적으로 받아들이고 있습니다. 우리는 지금 팬데믹 시대라는 민주주의가 굉장히 불안한 시대에 살고 있는데, 그에 걸맞은 새로운 모델을 구상하는 것이 필요하고, 이미 다양한 시도들이 일어나고 있다는 사실을 말씀드리고 싶습니다.

새로운 세대들은 이 모든 문제가 조금 부담스럽게 느껴질 수 있을 것 같습니다. 하지만 주류 미디어나 SNS가 다루는 여러 가지 이야기는 우리로 하여금 희망을 잃어버리게 만든다는 사실을 알아야 합니다. 실제로 좋은 일을 하는 사람들은 그림자에 가려 있는 경우가 훨씬 많습니다. 그들은 주류 미디어에서 벗어나 새로운 이야기를 만들고 있기 때문입니다. 실제 현실에서는 위대한 생태적인 변화가 일어나고 있습니다. 똑같은 이야기만 반복하는 주류 미디어로부터 눈을 조금 돌린다면 새로운 세계가 보일 것입니다.

여러분에게 앞으로 무수히 많은 가능성이 열려 있다는 이야기를 꼭 하고 싶습니다. 지금 우리가 맞이하고 있는 이 위기의 순간은 인

류 역사에서 전례 없이 놀라울 만큼 위대한 기회라고도 볼 수 있습니다. 우리의 시각 자체를 새롭게 만든다면 앞으로 수십 년 미래의 일마저도 무기력한 대응이 아니라 긍정적이고 희망적이고 즐거운 고민으로 할 수 있을 것이고, 실제로 그 고민을 정말 놀라운 기술과 실천으로 실현하고 있는 사람들이 많다는 사실도 꼭 기억하시길 바랍니다.

이미 변화는 일어나고 있습니다

질문: 우리 모두가 영화에 나온 방법으로 실천하면 완전히 다른 미래는 가능할 것 같은데요. 그런데 지금 우리는 하고 있지 않아요. 그 이유는 무엇일까요? 새로운 시도에 반대하는 사람들을 어떻게 설득해야 하는지 궁금합니다.

데이먼 가뮤: 저는 많은 변화가 이미 일어나고 있다는 사실을 꼭 말씀드리고 싶습니다. 금융권을 보면 거대한 돈이 실제로 굉장히 빠르게 움직이고 있다는 걸 알 수 있는데요. 더 이상 화석연료와 관련된 투자가 일어나지 않고, 세계 최대 석유회사도 자산의 절반을 2030년까지 재생에너지에 투자하겠다고 발표하기도 했습니다. 코로나19 이후로 석유 에너지 사용이 줄어든 요인도 없지는 않겠지만, 중요한 순간을 맞이하고 있다는 사실을 알 수 있고요. 더 이상 사람들이 과거로 돌아가고 싶지 않다고 하는 것도 중요한 지점입니다. 점점 더 많은 사람이 조금 더 스마트하고, 조금 더 녹색의 세계로 나아가야 한다는 이야기에 동참하고 있습니다.

인간은 사회적 존재이기 때문에 무엇을 공유할 것이냐에 따라서 길이 정해진다고 생각합니다. 선형적인 방식이 아니라 아주 복합적이고 다양한 방식으로 우리의 욕망과 바람과 희망들이 쌓이고 쌓여서 큰 변화가 만들어지는데요. 지구를 지키는 것이 파괴하는 것보다 비용적으로도 적게 듭니다. 분명 어렵지 않게 사람들을 설득할 수 있는 시대가 곧 올 것입니다.

질문: 선생님께서 많은 나라에 사례들을 탐구하기 위해서 가셨는데요. 특별히 기억에 남는 사례 혹은 국가의 모습이 있다면 무엇인지, 또는 2040년의 모델로 삼을 수 있는 나라 혹은 공동체가 있었다면 어디인지도 궁금합니다.

데이먼 가뮤: 완벽한 나라나 예시는 없습니다. 제가 살고 있는 호주 같은 경우에는 그 어떤 변화도 만들어내지 않는 최악의 국가 중 하나입니다. 태양, 바람, 지열 에너지에 대한 논의보다 여전히 화석 에너지에 대한 이야기만 하는 곳이지요. 정치나 사회에 변화가 전혀 일어나고 있지 않습니다. 가장 이상적이라고 할 수 있는 곳은 네덜란드나 북유럽 스칸디나비아 국가들입니다. 영화에 나오다시피 스웨덴과 같이 음식 쓰레기를 새로운 에너지로 전환해 사회적으로 활용한 사례도 있었습니다. 그런 기술보다 더 중요한 것은 새로운 시도를 하는 도시 혹은 국가의 시민들이 자연에 대한 이해를 조금 다르게 갖고 있다는 것입니다. 그 사람들은 자연을 정말 중요하게 생각합니다. 그렇기 때문에 쓰레기도 버리지 않으려고 애쓰고, 자전거를 타고자 노력합니다. 그런 가치관이 있으니 정책의 변화도 이끌어낼 수 있다는 사실을 우리가 기억해야 합니다. 몇몇 정치인들을 탓해서는 이 문제를 바꿀 수 없습니다.

현실에 기반하여 꿈꾸기

질문: 영화에서 "현실에 기반하여 꿈꾸기(Fact-based dreaming)"라는 표현을 쓰셨습니다. 단순하게 상상하거나 이상을 갖는 것이 아니라 현실 가능한 미래를 꿈꾼다는 것이 중요하다는 말입니다. 사람들에게 그런 상상력을 주기 위해서는 예술의 힘이 중요하다고

생각합니다. 좋은 사진, 좋은 영상, 좋은 문장 이런 것들인데요. 선생님이 영상으로, 책으로 보여주신 것은 그런 예술의 힘이 아닐까 생각합니다. 예술의 중요성과 의미에 대한 감독님의 생각이 궁금합니다.

데이먼 가뮤: 저는 이야기가 전부라고 믿는 사람입니다. 수천 년 전의 이야기들을 살펴보지요. 지구를 보호하는 것과 관련해서도 충분히 의미 있는 이야기들이 많이 있습니다. 호주에 살고 있는 원주민들의 경우에는 스스로를 땅의 수호자라고 칭했고, 중국의 고대 문헌들을 보면 인간은 이 땅에 잠시 거주하는 손님이라는 이야기가 있습니다. 이런 이야기가 가득한 세상에서 인간은 자연을 지키고 보호하는 존재였습니다.

하지만 지금 우리의 이야기는 어떻습니까? 인간이 자연을 지배하고 착취할 수 있다는 이야기들이 넘쳐납니다. 제가 영화를 만든 이유는 아이들에게 자연에 대한 사랑과 생명 감수성이 넘치는 관계의 이야기를 새롭게 들려주고 싶었기 때문입니다. 저는 더 많은 가수와 시인, 음악가, 영화감독 등 예술가들이 자연과 생명의 이야기를 노래하면 좋겠습니다. 많은 과학자들은 정말 중요한 정보를 주고 있습니다. 하지만 그런 정보들로 마음이 잘 움직이지 않기도 합니다. 우리를 움직이는 것은 이야기의 힘입니다. 우리에게는 더 나은 이야기, 더 나은 서사가 필요합니다.

질문: 현대 사회의 가장 근본적인 문제는 돈인 것 같습니다. 많은 기업과 개인이 중국에 공장을 짓는 이유는 그게 더 값이 싸기 때문이죠. 사람들이 차를 통해서, 값어치 있는 물건을 통해서 인정받으려 애쓰기도 합니다. 공동선을 이야기하기보다는 개인의 이득을 추구하는, 돈을 기반으로 한 사회의 큰 시스템은 선생님이 생각하시기에 어떻게 바뀌어야 하는지, 그리고 어떤 방향으로 이 시스템을 바꾸어 나가야 하는지 여쭤보고 싶습니다.

데이먼 가뮤: 아주 훌륭한 질문입니다. 우리는 전환 과정에 있고, 변화는 당장 일어나지 않을 수도 있을 것입니다. 시스템의 변화가 일어나면서도 우리 삶의 중요한 요소들을 지켜내고자 하는 노력이 중요할 것 같습니다. 예컨대 소득 불평등 문제를 해결한다는 명목으로 생태환경 문제를 일으켜서는 안 되는 것입니다.

우리는 이제까지 과도한 경쟁 시스템에 놓여 있었습니다. 많은 비용을 쓰고, 자원을 착취하는 구조에 있었지요. 그 구조 안에서는 열심히 사용하면 정상에 오를 수 있었고, 이길 수 있었어요. 그 비용으로 모든 것을 파괴했습니다. 이렇게는 지속할 수 없습니다. 변화가 반드시 필요합니다.

저는 아마 두세 세대가 지나고 나면 큰 변화가 있을 것이고, 이미 생각의 변화는 시작됐다고 생각합니다. 말하자면 점유하고, 독점하고, 위계를 갖고 하는 사람들이 많이 줄었다는 것입니다. 공유와 재생, 순환의 시대가 오고 있습니다. 기술이 그러한 가치를 가능하도록 해주기도 하고요. 예를 들면, 타이완에서 진행되고 있는 디지털 민주주의나 마이크로에너지 공유를 볼 때, 기존의 자본주의 문화가 갖고 있었던 착취나 독점의 형태가 아닌 공유의 형태를 띠고 있음을 알 수 있습니다. 지구 곳곳에서는 자동차를 공유하는 걸 넘어서서 토스트 기계, 잔디 깎는 기계마저도 공유하는 관점으로 변화되고 있다는 것이고요. 다만 그 변화가 천천히 이루어지고 있다는 사실, 또 우리가 그 변화를 이루어내기 위해서는 아주 힘든 과정을 거쳐야 한다는 사실을 알아야 합니다. 지금의 자본주의 모델이 이 지구에, 인간에게 지속가능하지 않다는 것에 이미 대부분이 공감하고 있기 때문에 60, 70년 더 멀리는 100년 이후의 세계를 완전히 새롭게 디자인하는 시도들은 끊임없이 이어질 것입니다.

희망은 우리 손에서 시작합니다

질문: 전 세계에서 많은 어린이와 청소년들이 학교에 가지 못하거나 코로나로 바깥 활동을 하지 못하고 있는 상황입니다. 이들에게 용기와 희망의 메시지를 마지막으로 부탁드립니다.

데이먼 가뮤: 영국의 문화비평가 레이먼드 윌리엄스의 말을 인용하며 마무리하고 싶습니다. "진정으로 급진적인 것은 절망을 확신케 하는 것이 아니라 희망을 가능한 것으로 만들어가는 것이다." 여

러분, 낙관을 통해서 새로운 변화를 만들어낼 수 있다는 믿음을 가지십시오. 우리는 분명히 할 수 있습니다. 그 길은 굉장히 어렵고 시난하고 먼 길일 것입니다. 하지만 서로 소통하고 생각을 공유하는 과정을 절대 포기하지 마십시오. 그리고 여러분이 갖고 있는 가장 좋은 이야기들을 서로 많이 나누고자 노력하면 좋겠습니다. 희망을 잃지 않기를 진정으로 응원하겠습니다. 고맙습니다.

정의로운 선택이 만드는 희망의 세계

『세계의 내일』 저자 야나 슈타인게써

2020. 10. 25.

"극지방의 바다에 얼음이 사라진다면 그린란드의 이누이트는 어떻게 살아야 할까? 계속해서 사막이 늘어난다면 남아공에서 염소 키우는 사람들은 무슨 영향을 받을까? 알프스의 빙벽이 다 녹아내리면 이탈리아의 과수원은 어떻게 될까? 우리는 아프리카에서 동물 종이 계속 멸종하는 것과 유럽의 미래 사이에 어떤 관계가 있는지 알고 싶었다. 지구 반대편 사람들이 생존에 위협을 받는다면, 이 문제는 우리와 전혀 무관할까? 그리고 미래 세대가 살아갈 수 있는 내일의 세상을 지켜주기 위해 우리는 어떤 일을 해야만 할까?"

– 야나 슈타인게써, 『세계의 내일』, 리리 퍼블리셔, 15쪽

지금 우리가 직면한 환경 위기의 상황은 무척 암울합니다. 기후변화가 점점 그 위력을 드러내니 두려움은 점점 커지는데, 지금 당장 이 문제를 해결하려는 움직임은 눈에 잘 보이지 않기 때문입니다. 하지만 인간은 물리적 환경과 사회적 어려움에 맞서 변화해왔

고, 문제를 해결할 방법을 기필코 찾아냈습니다. 그러므로 지속가능한 내일을 만드는 것은 우리에게 가장 시급한 숙제이며, 동시에 가장 가슴 뛰는 도전입니다.

기후변화의 흔적을 따라 여행한 야나 슈타인게써 가족의 이야기를 통해 만난 이 세상 가장 잘 보이지 않는 곳에서 이 세계의 가장 거대한 변화를 온몸으로 맞고 있는 사람들은 기후변화의 심각성뿐만 아니라 인간의 가능성을 말합니다. 야나 슈타인게써와 인터뷰를 통해 내일을 위한 정의로운 선택을 함께 찾아가는 힘은 우리 내면에 있음을 발견할 수 있었습니다.

새로운 선택을 통한 혁명

야나 슈타인게써: 저의 어린 시절 이야기로 오늘 이 자리를 시작해 볼까 합니다. 5살 때쯤이었는데요, 어느 날 어머니께 절대로 고기를 먹지 않을 거라고 말을 했던 기억이 납니다. 갑작스런 선포에 온 가족이 나서서 키가 안 큰다는 둥, 병에 걸린다는 둥 저를 말렸던 것도 기억납니다. 채식한다는 것은 40년 전 제가 살았던 아주 작은 마을에서는 전혀 통용되

야나 슈타인게써

지도 않고, 이해되지도 않았던 개념이었습니다. 그래서 '채식'을 한다는 저의 선언은 그 당시에 통용되고 있던 가치들에 대한 도전으로 이해되었습니다.

저는 그런 시골 마을에서 태어나고 자랐습니다. 제가 이후에도 시도했던 여러 새로운 선택은 저항이자 혁명적인 그런 시도의 의미를 가졌습니다. 저는 마을 전체의 상식과 정상의 범위를 조금씩 바꾸는 계기를 만드는 사람이었지요. 그래서 저는 창의적일 수밖에 없었습니다. 예컨대 채식한다고 하니 어머니께서 동참해주지 않으셨어요. 그래서 저는 방법을 찾아야만 했습니다. 먹을 것이 없으니 포기할 법도 했는데, 어린 나이었음에도 불구하고 저는 열정적이었어요.

지지 않고 온 마을 사람들에게 채식 요리로 파티를 한다고 알렸지요. 그랬더니 사람들이 생각보다 각자가 할 수 있는 채식 요리가 많다는 사실을 알게 되었어요. 각자의 요리법을 공유하는 재미있고 유익한 파티를 하고 나니 마을 사람들은 채식에 대해 좀 더 열린 시각을 갖게 되었습니다.

저와 저의 가족이 함께 쓴 책 『세계의 내일』 기획도 그러한 시도였습니다. 지속가능한 삶이라는 것이 어느 날 갑자기 필요해진 개념은 아닙니다. 그런데 이 말이 절박하게 다가온 순간이 있었어요. 키우던 닭이 보인 이상한 행동 때문이었지요. 겨울인데 너무 따뜻하다 보니 알을 낳은 겁니다. 산란기가 아닌 닭이 알을 낳다니! 걱정을 많이 했습니다. 그러면서 조사를 하고, 전문 자료를 찾고, 논문

북극해의 빙산 © 옌스 슈타인게써

을 읽어보고, 보고서를 읽어보고 하면서 완전히 말을 잃었습니다. 기후변화가 동물의 행동까지도 바꾸고 있다는 현실을 알게 되었기 때문입니다.

그래서 저와 제 가족은 기후변화가 우리에게 어떤 영향을 미치고 있는지 눈으로 확인하기 위해 여행을 떠났습니다. 직접 눈으로 보는 기회를 가지는 게 중요하다고 생각했기 때문입니다. 인간이, 자연이, 동물이, 이 생태계가 어떤 고통을 실제로 겪고 있는지 직접 눈으로 보는 것이 결단을 내리는 데 큰 영향을 미친다고 믿었습니다. 그런데 여행하면서 우리 가족이 할 수 있는 것은 눈물을 흘리거나 혹은 비명을 지르는 것밖에는 없었습니다. 도무지 이해할 수 없는 일들이 일어나고 있었기 때문입니다. 큰딸 파울라가 여행을 할 당시 10대였는데요. 아이가 할 수 있는 것이 아무것도 없다 보니 우울한 감정에 너무 깊게 빠졌습니다.

거대한 변화에 우울함을 느낀 것은 파울라만이 아니었습니다. 어른인 저희도 이 여정을 떠난 이후로 우리가 끼치고 있는 영향이 얼마나 엄청난 것인지 느꼈고, 그 충격이 감당할 수 없을 정도의 크기로 다가왔습니다.

여러분이 생각하는 대로 인간은 많은 문제를 만들고 있습니다. 과학자들에 따르면 인간이 저지른 문제가 이미 자연이 가진 한계를 훌쩍 넘어섰습니다. 그만큼 인간은 많은 문제를 발생시키고 있습니다. 하지만 그럼에도 불구하고 인간이 그 정반대의 길로도 갈 수 있다고 생각합니다. 그 이유는 간단합니다. 이렇게나 작은 존재인 인간이 전 지구적인 영향을 미칠 수 있는 이유는 무엇일까요? 이 질문은 저에게 큰 의미를 갖습니다. 우리가 지구상에 부정적으로 미치는 영향이 이렇게 크다면, 반대로 인간이 가진 기술, 지능, 창의성, 공감 능력, 미래를 볼 수 있는 성찰, 이러한 것들을 긍정적인 방향으로 활용할 수도 있는 것입니다. 우리가 저지른 이 무수히 많은 문제를 멈추기 위해 무엇을 할 수 있을지 저는 질문했고, 우리의 행동과 가치관을 완전히 바꿔야 한다고 생각하게 되었습니다. 저뿐만 아니라 저와 함께 여행을 떠났던 아이들 또한 마찬가지로 생각했습니다.

어린이, 청소년, 그리고 시민 여러분께 제가 꼭 하고 싶은 말이 있다면 작은 것에서부터 시작하자는 것입니다. 작은 것에서부터 시작하면서 친구들을 만들고 동료들을 만드는 것이죠. 그것을 통해 우리 모두가 작은 실천을 통한 영웅이 될 수 있다는 사실을 기억하세요.

예컨대 저의 가족이 함께했던 실천은 플라스틱을 쓰지 않는 것이었습니다. 여행을 하면서 플라스틱 쓰레기로 인한 오염이 가장 눈에 띄는 것이었기 때문입니다. 그래서 작은 것에서부터 시작하자는 마음가짐으로 집 안에서 플라스틱이 전혀 없는 생활을 지금까지도 이어가고 있습니다. 이런 실천이 얼마나 어려운지 아시죠? 소비주의적 태도와 삶의 방식 모든 것을 바꿔야 합니다. 늘 텀블러는 가지고 다녀야만 하고, 포장되지 않은 채소를 얻기 위해서 지역에서 재배된 것을 사야 하기 때문에 우리 마을에 없어서 다른 마을까지 가서 사와야 하는 어려움을 감수해야 합니다.

또 우리 가족이 실천했던 것 중의 하나는 공유 개념을 실천하고 소개하는 것입니다. 가능하다면 새로 사기보다는 빌려 쓰거나 이웃과 함께 공유하는 것입니다. 또, 이동 수단과 관련해서 저희 집에는 큰 트럭이 있었는데요. 지구를 지키기 위해 차를 팔고, 대중교통을 이용하거나 차를 공유하는 아이디어를 냈고, 우리 지역사회뿐만 아니라 큰 기업에서도 이 아이디어를 차용해서 점점 더 많은 사람이 공유 경제를 이용하게 되었습니다.

개인이 할 수 있는 작은 실천들에 대해서 말씀을 드렸는데요. 여러분이 꼭 해보길 바랍니다. 친구, 가족, 여러분의 동료들과 함께 이런 실천을 한다면 재미도 있고, 그 의미도 함께 찾을 수 있다고 생각합니다.

정의로운 선택이 만드는 희망의 세계

질문: 『세계의 내일』 중 아일랜드 이야기에서 피오르에 쓰레기가 쌓이고, 사냥을 하지 못하는 썰매개들이 굶주림에 시달리고, 청소년 자살률이 높아지고 실업률이 높아지는 등 너무나 많은 문제가 발생하지만, 정작 그 문제들의 가장 근본적인 원인인 기후위기에는 관심을 갖기가 어렵다는 부분에서 많은 생각을 했습니다. 이러한 경험은 우리 역시도 겪습니다. 기후위기로 질병이 발생했고, 그 질병에 연결한 수많은 사회 문제가 연이어 발생했습니다. 예컨대 코로나19로 학업이 중단되고, 그로 인해 교육 격차가 심각해졌습니다. 또, 수십 년 동안 운영하던 가게가 문을 닫거나 실직하는 사람들이 생겼습니다. 그런데 전염병 문제 자체가 심각하다 보니, 코로나19의 근본적인 원인인 생태계 파괴나 인구과밀, 과도한 세계화 등의 문제에 가닿기가 참 어렵습니다.

눈앞의 문제에 급급하지 않고 더 장기적인 가치에 눈을 뜰 수 있는 방법은 무엇일까요? 여행하며 선생님이 발견하신 지혜는 무엇인가요?

야나: 환경 문제는 하나의 답이 없습니다. 경제, 문화, 정치 등 아주 많은 부분과 결부된 복잡한 문제이기 때문입니다. 그 말인 즉 우리가 모두 할 수 있는 실천이 있다는 것입니다. 우리가 모두 가지고

있는 나름의 기술과 능력을 발휘할 수 있는 영역이 바로 이 환경 문제와 관련된 지점이라는 것입니다.

민주주의에서 우리가 시민으로 살아간다는 것은 자신의 목소리를 내는 것입니다. 목소리를 낸다는 것은 내가 살아가기를 꿈꾸는 그 사회를 위해서 나름의 노력을 하고 또 실천한다는 것입니다. 저는 작가로서 글쓰기 능력을 활용합니다. 우리가 대안적으로 생각할 수 있는 것이 무엇이며 그 이야기들을 직접 글로 쓰는 것으로, 제가 가지고 있는 능력을 그곳에 발휘하는 것이죠.

내일의 세계, 세계의 내일을 위해서 여러분이 할 수 있는 것은 무한할 테니 무엇이든 해보세요. 친구들을 도와주거나 나무를 하나 심는 등, 작고 사소한 노력이라고 하더라도 여러분에게 영감을 주는 실천을 하십시오. 그리고 여러분이 가지고 있는 생각들을 다른 사람들과 나누세요. 서로 대화하는 과정에서 좋은 소식들을 나누게 될 것이고, 소통의 힘은 우리가 생각하는 사회의 변화를 만들어 내고, 결국 세계의 변화까지도 만들어낼 수 있다고 생각합니다.

질문: 새로운 세대는 '생명'에 더 가치를 두어야 한다고 생각합니다. 이를 위해 어떤 교육이 필요할까요? 교육의 중요성에 대해 어떻게 생각하시나요?

야나: 교육은 가장 중요한 삶의 영역입니다. 그레타 툰베리로부터 시작된 '미래를 위한 금요일' 시위로 인해서 아주 큰 변화가 일어나

독일 오덴발트의 어느 언덕 © 옌스 슈타인게써

고 있다고 저는 생각합니다. 독일 같은 경우에도 학생들이 선생님들에게 자신들이 원하는 환경 교육이 필요하다고 요구하고 있어요. 교사가 학생에게 무엇을 가르칠지 말지 일방적으로 결정하는 것이 아니라, 학생들이 교사에게 원하는 것을 요청하는 시대가 된 것입니다. 그러면 교사도 전문적인 지식과 합당한 답을 찾기 위해 사회의 많은 전문가에게 자문해야 할 것이고, 그럼 활발한 소통이 일어나겠지요? 저는 정말 크고 중요한 변화라고 생각합니다.

책을 출간하고 학교에 가서 강의하면서 아이들에게 무엇이 필요한지 고민을 하게 되었습니다. 첫 번째가 자연과학에 대한 이해와 지식이라는 생각이 들었습니다. 인간의 행동이 자연에 실제로 어떤 영향을 미치는지 이해하고 지식을 얻을 수 있도록 도와야 하고요. 또 하나 학생들이 공부해야 하는 것이 있다면 인간이라는 존재가 다른 생물 종과 얼마나 연결되어 있는가의 지점입니다. 예를 들어 우리 지역에 있는 숲을 베어낸다고 하더라도 그것이 실제 피부로 와닿는, 지역 경제에 미치는 영향은 미미할 것입니다. 하지만 실질적인 피해는 그보다 훨씬 크고 장기적인 문제라는 것이지요. 비단 이것은 학생들뿐만 아니라 어른들도 실제로 우리가 얼마나 연결되어 있냐는 이 연결성 자체에 대한 이해를 충분히 갖고 있지 않다고 생각합니다.

새로운 세대들은 자신이 이 거대한 생태계의 일부이고, 지구가 겪는 변화는 나의 삶에도 영향을 준다는 점을 확연히 느낄 수 있도록 하는 것이 중요하다고 생각합니다. 아이들이 직접 할 수 있는 작은 실천들을 생각하고, 교실에서 거기에 대한 열띤 토론이 벌어지고, 그래서 새로운 프로그램을 만들고 하는 변화들을 직접 목격해 왔습니다.

낙관은 방관에서 나오지 않는다

질문: 책의 마지막에는 하랄트 벨처의 '안 돼'라는 태도에 맞서 "거 봐, 되잖아!"라는 태도가 세상을 바꿀 책임 있는 자세라는 말이 나옵니다. 우리가 직면한 문제를 외면하지는 않되, 너무 그것에만 몰두해 희망을 저버리지 않으려면 어떤 노력을 해야 할까요? 선생님은 진심으로 "거 봐, 되잖아!"라고 생각하시는지 궁금합니다.

야나: 세계의 내일을 위한 여행을 통해서 저희가 알게 된 것은 우리는 분명 지금과는 전혀 다른 세상에 살게 될 것이라는 자명한 사실입니다. 지금도 그렇지만 앞으로 지구의 환경에 더 큰 변화가 생길 것이고, 또 우리가 살고 있는 사회도 마찬가지일 것이라 생각합니다. 그러니 지속가능한 미래를 위해서 친구, 가족, 이웃 등 많은 사람들과 함께 좋은 생각들을 나누세요. 그 생각들은 우리가 살아가는 공동체에, 나아가 세계 전체에 반드시 좋은 영향을 미칠 것입니다. 자신이 속한 공동체, 가족이나 학교 친구들과 함께 대화하며 토론하는 과정에서 새로운 아이디어를 끊임없이 공유하는 일은, 지구에 긍정적인 변화를 만드는 데 중요한 역할을 할 것입니다.

자신에게 영감과 긍정적인 에너지를 주는, 낙관을 갖게 하는 생각들을 많은 사람과 공유하시길 바랍니다. 희망은 우리의 정의로운 선택에서 비롯된다는 것을 잊지 않길 기원합니다.

닫는 글

•

세 개의 이야기를 들려드리고 싶습니다. 정의로운 세상을 만들기 위해 교육이 바뀌어야 한다는 신념의 증거가 되는 이야기입니다.

첫 번째는 그레타 툰베리의 이야기입니다. 1970년대, 오일쇼크로 전 세계 석유 가격이 폭등했고, 대부분 국가의 물가가 치솟았습니다. 석유는 없어서는 안 될 중요한 에너지원이고, 화석연료를 얼마나 확보하는지가 국력을 결정한다는 사실을 눈으로 확인한 역사적 사건이었습니다. 그때, 완전히 다른 선택을 한 나라가 있었습니다. 화석연료를 쓰지 않는 나라를 만들자고 선언하며 재생에너지 개발로 정책을 바꾼 나라, 스웨덴입니다. 스웨덴은 전 세계에서 가장 먼저 화석연료를 쓰지 않는 나라가 되겠다는 큰 목표를 세우고, 재생에너지 개발에 대한 투자뿐만 아니라 문화적 · 사회적 기반을 마련하기 위해 생태적 삶의 필요성을 교육하기 시작했습니다. 그렇게 반세기가 흘렀고, 스웨덴에서는 전 세계 기후정의를 위한 청소년 활동을 이끄는 그레타 툰베리가 탄생했습니다. 우연의 일치일까요?

그레타 툰베리는 우리나라에도 많이 알려진 인물입니다. 그녀의 개인사는 책과 영상을 통해 많이 알려져 있지요. 그런데 궁금했습니다. 그레타 툰베리와 같이 기후위기에 대해 말하는 청소년은 많았는데, 왜 그레타 툰베리의 목소리는 그렇게 커다란 변화를 만들 수 있었던 것일까요? 불현듯 교육의 영향이 있을 것이라는 생각이 들었고, 국내 자료로는 연관성을 찾기가 어려워 외신 기사를 찾아보았습니다. 아니나 다를까 "스웨덴의 환경 교육이 그레타 툰베리 세대를 만들었다", "사회적 산물로써 그레타 툰베리"라는 기사들이 있었습니다. 1970년대 이후 실시한 스웨덴의 환경교육은 '녹색 혁명 전사(green revolutionary)'들을 기르는 것을 목표로 했고, 그 교육을 받은 세대는 생태적 가치를 우선시하는 사회를 만들 수 있었던 것입니다. 그 결과 그레타 툰베리뿐만 아니라 스웨덴의 많은 청소년은 기후위기를 반드시 바꾸어야 할 심각한 문제로 여겼고, 그들의 목소리에 사회 전체가 동의하고 함께할 준비가 되어 있었습니다. 거기다 평등을 중요시하는 북유럽 문화가 더해져, 청소년의 목소리도 '기특한 것'이 아니라 동등한 시민의 목소리로 받아들여졌다고 하는데, 이 또한 주목할 점입니다.

두 번째 이야기의 주인공은 '잘 가, 비닐봉지(Bye Bye Plastic Bags)' 단체를 만든 자매 멜라티 위즌과 이사벨 위즌입니다. 아름다운 섬 발리가 쓰레기로 뒤덮이는 것을 두고 볼 수 없었던 위즌 자매는 고민할 것 없이 당장 문제를 해결하기 위해 행동에 나섰고, 끈질긴 시도 끝에 주지사를 만나 발리 전체가 비닐 봉지를 더 이상 사용하지 않는 곳이 되도록 노력하겠다는 동의를 끌어냅니다. 위즌 자매는 2016년에 TED 강의를 했는데, 강의 초반부에 굉장히 인상 깊은 이야기를 합니다. "저희는 세계 최고의 학교에 다니고 있어요. 그린 스쿨 발리(Green School Bali)입니다." 본인의 학교를 세계 최고로 소개하는 모습이 인상적이었습니다. 우리나라 청소년 대부분은 자신의 학교가 최악이라고 말하는 경우가 많기 때문입니다. 그린 스쿨 발리는 숲 한가운데 대나무로 지어진 건물에서 수업하는 국제학교입니다. 생명의 존엄성과 공동체의 중요성을 온몸으로 배워 세계의 리더를 양성하는 것이 이 학교의 목표입니다. 위즌 자매는 넬슨 만델라와 마하트마 간디 같은 세계적으로 위대한 영향을 준 사람들을 학교에서 배웠고, 집에 돌아오는 내내 "우리도 그 사람들처럼 이 세계에 선한 영향을 줄 수 있는 사람이 되면 안 될까?"를 토론했다고 합니다. 어른이 될 때까지 기다릴 이유가 없었던 위즌 자매는 그 자리에서 "잘 가, 비닐봉지"라고 단체 이름을 정하고 친구들에게 함께할 것을 제안했고, 기꺼이 학교 친구들과 선생님, 그리고 마을 사람들은 이 운동에 동참했습니다.

우리도 학교에서 넬슨 만델라와 마하트마 간디를 배우지만, 그 사람들을 닮고 싶고, 그들처럼 세계에 영향력을 미치는 사람이 되고 싶다는 마음이 생기지 않는 이유는 무엇일까요? 우리는 그 이유를 이미 알고 있습니다. 정보와 지식으로 접하고, 그것을 평가받기 위해 암기해야 하는 우리나라 교육 방식으로는 교과서 속 내용이 내 삶에 영감을 주기가 참 어렵습니다. 마치 이 사실을 알고 있었다는 듯 위즌 자매는 TED 강의에서 그린 스쿨 발리에서 "교과서에 갇힌 내용으로 배우지 않았다"라고 말합니다. 그린 스쿨 발리가 위즌 자매에게 세계 최고인 이유는, 미래에 필요한 가치를 학교에서 가르치고, 그 가르침은 나에게 영감을 주는 흥미진진한 것이며, 학교 친구들도 서로의 가능성에 열려 있고 서로 협력한다는 점, 더불어 교사들과 학부모들도 공동체의 일원으로 학생들을 지지하고 함께 한다는 점이 아닐까요?

세 번째는 2019년에 세계 최연소로 핀란드의 총리가 된 산나 마린의 이야기입니다. 산나 마린은 자신이 공교육의 수혜자라고 말합니다. 2살 때 알코올중독자인 아버지와 이혼한 어머니 밑에서 자랐고, 너무 가난해서 15살 때부터 공장에서 일했지만, 학교에서 만난 선생님들이 준 용기와 공교육 제도의 단단함이 자신을 무너지지 않게 했기 때문입니다. 핀란드는 잘 알려진 대로 '교육의 나라'입니다. 핀란드는 1970년 교육개혁을 통해 행복하고 존엄한 삶을 누릴 수 있는 시민을 길러내는 것을 교육목표로 삼았고, 그 결과 개인이 처한 어려운 상황은 교육과 복지로 충분히 극복 가능한 사회가 되었습니다. 산나 마린뿐만 아니라 핀란드 시민 역시 핀란드 공교육에 자부심을 가집니다. 공교육을 통해 뛰어난 개인이 아니라, 자신들이 지키고자 하는 평등과 행복의 가치를 국가 정책으로 이끌어갈 리더가 탄생할 수 있기 때문입니다.

지금 우리 교육에 문제가 있다는 것은 모두가 알고 있습니다. 외우고 평가받고 순위를 매기고 서열화하는 천편일률의 교육은 지속가능성이 없습니다. 재미없는 공부, 억지로 해야 하는 공부, 꿈을 꾸기 어려운 공부, 영감을 주지 않는 공부, 삶의 의지를 꺾는 공부를 하느라 한 번뿐인, 정말 단 한 번뿐인 청소년 시기를 보낸 아이들이 앞으로 무엇을 하며 어떻게 살아갈 수 있습니까? 한국의 미래를 생각하면 절망적입니다.

그래서 이렇게 목소리를 냅니다. 살고자 하는 절박한 외침입니다. 정의로운 세계를 만드는 것은 새로운 세대의 생존을 위한 일입니다. 그리고 정의로운 세계를 만드는 깨어 있는 시민은 교육을 통해 탄생할 것입니다. 현실의 부정의에 대응해 지속가능한 미래를 만드는 교육이 지금 당장 필요합니다. 우리는 교육 혁명을 통해 정의로운 세상을 만들 것입니다. 이것이 청소년이 쓴 코로나19 교육 보고서의 결론입니다.